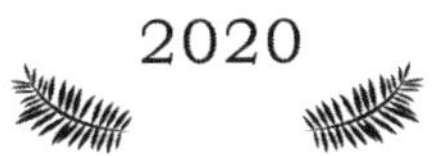
2020

CREATIVE MANAGEMENT REVIEW

创意管理评论

（第5卷）

Volume 5

主编　杨永忠

厦门大学出版社 XIAMEN UNIVERSITY PRESS 国家一级出版社 全国百佳图书出版单位

图书在版编目(CIP)数据

创意管理评论.第5卷/杨永忠主编.—厦门:厦门大学出版社,2020.11
ISBN 978-7-5615-8012-7

Ⅰ.①创… Ⅱ.①杨… Ⅲ.①管理学—研究 Ⅳ.①C93

中国版本图书馆CIP数据核字(2020)第235912号

出 版 人 郑文礼
责任编辑 吴兴友
封面设计 李嘉彬
技术编辑 朱 楷

出版发行 厦门大学出版社
社　　址 厦门市软件园二期望海路39号
邮政编码 361008
总　　机 0592-2181111 0592-2181406(传真)
营销中心 0592-2184458 0592-2181365
网　　址 http://www.xmupress.com
邮　　箱 xmup@xmupress.com
印　　刷 厦门市明亮彩印有限公司

开本 720 mm×1 000 mm 1/16
印张 13.5
插页 1
字数 187千字
版次 2020年11月第1版
印次 2020年11月第1次印刷
定价 68.00元

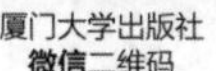
厦门大学出版社
微信二维码

厦门大学出版社
微博二维码

本书如有印装质量问题请直接寄承印厂调换

编委会名单

征稿启事

Call for Papers

创意管理学是从微观管理角度系统研究创意管理活动基本规律和一般方法的学科。它是一门正在迅速成长、充满勃勃生机的工商管理新兴学科，以管理学研究方法为基础，涵盖艺术学、社会学、经济学、制造科学、计算机科学等相关交叉学科。在这一学科领域，存在许多未开发的处女地，蕴藏着丰富的创意宝藏。

作为推动创意管理学形成和发展的专业性学术出版物，《创意管理评论》由四川大学创意管理研究所主办，国内外相关领域知名学者担任顾问或联合主编。《创意管理评论》将本着兼容并蓄的开放性学术理念，坚持研产结合的出版方针，实行国内外同行评议制度，为创意管理学的发展提供一个专业、规范且雅俗共赏的思想分享平台。

《创意管理评论》主要收录从企业管理视角、应用管理学研究方法探讨创意管理的高水平学术论文和探索性实践文章，近期重点关注创意产品开发、创意企业运营、创意产品营销、创意产品价值评估和文化企业家行为等微观管理领域。我们真诚地期待相关领域的国内外专家学者赐稿，分享您对创意管理的专业观察和深刻洞见。

投稿邮箱：cyglpl@163.com

联系电话：028－85416603

地　　址：四川省成都市一环路南一段24号四川大学商学院613《创意管理评论》编辑部

邮　　编：610064

《创意管理评论》编辑部

主编寄语

创意是创所未见，

创意管理是见所未见。

创意是看不见的好，

创意管理是看见看不见的好。

创意就是人格化，

创意管理是人格化的管理。

因为你的好，

有了创意的好。

因为创意的好，

有了管理之道。

目　录

CONTENTS

创意管理前沿

Creative Management Frontier

创意价值链视角下创意扩散内涵、特征及影响因素研究①

◎ 李沃源②

摘要:没有扩散,创意无法实现价值。从创意价值链视角出发构建一个创意扩散基本分析框架具有重要意义。本文构建的创意扩散分析框架由三部分构成:创意价值链视角下创意扩散的内涵、创意扩散的特征、创意扩散的影响因素。从创意扩散主体、创意扩散载体、创意扩散过程和创意扩散效果四个方面揭示了创意扩散的特征。从创意扩散主体、创意扩散载体、创意扩散渠道和创意扩散环境四个方面分析了创意扩散的影响因素,由此形成了一个具有内在逻辑联系的分析框架。本文的研究能够进一步拓展和丰富创意扩散的理论分析框架,且对促进我国创意产业发展起到一定的借鉴作用。

关键词:创意价值链;创意扩散;创意扩散特征;影响因素

---

① 基金项目:国家自然科学基金资助项目"创新模糊前端创意扩散过程及机理研究"(71904092);教育部人文社会科学基金资助项目"'互联网+'环境下创意产业创意扩散过程机理研究"(18YJC630077);内蒙古自然科学基金资助项目"大数据时代下内蒙古民族文化创意产业创意扩散模型研究"(2018BS07002)。

② 李沃源(1986—),女,黑龙江省哈尔滨人,博士,内蒙古大学副教授,国际创意管理专委会委员。研究方向:创新与创意管理、多属性决策,电子邮箱:liwoyuan@163.com。

一、引言

随着经济全球化的深入发展，国际竞争日趋激烈，创意产业作为知识经济时代下发展的一种新兴战略产业，在全球范围内掀起了经济浪潮。联合国2008年和2013年发布的《创意经济报告》表明，创意经济不仅是世界经济中增长最快的部分之一，而且在创造收入、创造就业机会和出口收入等方面极具变革意义；联合国2019年发布的《创意经济展望：创意产业国际贸易趋势》报告显示，全球创意产品贸易增长迅速，其中中国在创意产品和服务的贸易中占据了主导地位。创意产业能够成为许多国家经济发展的新引擎，不仅因其产生了经济价值，更是因其具有驱动创新发展方面的作用以及非货币化的社会价值。创意从源于创意个体头脑中的一个想法或灵感演变为消费者可以体验的创意商品，经历了初始创意源产生、创意方案形成、创意产品化和创意市场化等多个阶段。在各个阶段中，创意以不同形式为载体在创意产业链的上、中、下游各创意主体之间扩散。没有扩散，创意仅仅是一个想法，不可能产生经济效益和社会价值，因此创意扩散是实现创意价值，推动创意产业发展，带动创意经济增长的基础。

自1998年英国首次提出创意产业概念后，创意产业迅速引起了国内外学者的广泛关注，各国学者从不同角度开展了深入研究。但目前关于创意扩散内涵、影响因素、扩散机制等相关问题的研究尚处于起步阶段。创意扩散是创意扩散载体随着时间和空间的变化而不断演变、扩散，实现文化、技术、经济相结合的复杂过程。从创意价值链的视角来看，创意为什么会在创意价值链上、中、下游主体之间扩散？影响创意扩散的因素有哪些？上述问题值得我们开展研究。一则我们可以从中总结创意扩散的规律，二则可以推动创意在创意产业链上、下游进一步扩散或加速扩散，从而为提高我国创意产业发展水平提供启示或借鉴。鉴于目前国内学者尚未建立起一个创意扩散整合分析框架，以及为了更好地开展实证研究，本研究试图构建一个创意价值链视角下创意扩散的基本分析框架。

二、创意价值链视角下创意扩散的内涵

(一)创意价值链的内涵

美国哈佛商学院教授波特于1985年最早提出了企业价值链理论,提出企业的价值链系统由供应商、制造商、分销商和消费者的价值活动连接而成。此后,国内外许多学者将价值链理论进行深入研究和广泛应用,提出了供应链、全球价值链等概念。1998年,英国首次提出了创意产业的概念。作为知识经济时代下的新型产业,创意产业引起了国内外学者的广泛关注,各国学者从不同视角开展了研究。

基于波特提出的价值链理论,我国学者对创意价值链进行了界定。厉无畏等(2006)探讨了创意产业价值链的一般结构,刘友金等(2009)基于波特提出的价值链理论,分析了创意价值链的组织方式。杨永忠等进一步发展了创意价值链理论,指出文化创意产品的本质是文化、技术和经济要素的有机融合,这种融合是通过文化资源、内容创意、生产制造、市场推广和消费者的创意价值链实现的(刘凌燕等,2020;林明华等,2014)。创意价值链(CVC)是创意成果产业化的全过程,着眼于创意如何转化增值,涉及大学、研发机构、文化机构、投资机构、设计中心及企业等一系列创意主体的价值增值活动。

(二)创意价值链视角下创意扩散的概念

本研究借鉴现有的创新扩散理论基础,同时结合创意产业的特点,从创意价值链视角将创意扩散定义为:在复杂环境下,创意扩散源以创意个体头脑中最初的灵感或想法为起点,经过创意价值链上游创意方案化、中游创意产品化和下游的创意市场化等三个阶段,分别以初始创意源、创意方案、创意产品和创意商品等形式为载体,通过多种扩散媒介和扩散渠道,在创意价值链上、中、下游各创意主体、消费者间逐步采纳和传播的过程。

从宏观层面上看,创意扩散过程是一个文化、技术、经济三者相结合的复杂过程,包括创意扩散载体、创意扩散主体、创意扩散环境和创意扩散渠道等创意

扩散要素。从微观层面上看,创意扩散过程包括“扩”和“散”两个方向:“扩”实现了创意形式的扩散和演变,通过创意产品化、创意商品化等阶段,使创意从创意个体头脑中的想法扩展到消费者可以体验的创意商品;“散”实现了创意以不同形式为载体,在创意个体、创意企业和消费者等不同层次主体之间的传播和扩散(张庆普等,2014)。

创意通过在创意价值链上各节点之间扩散,一方面,实现创意“点石成金”,推动了创意产业化。创意通过在创意价值链相关主体之间的传播和扩散,实现了其艺术价值、文化价值、经济价值和社会价值,推动了创意产业的发展。另一方面,实现创意“一意多用”,带动了产业创意化。通过创意扩散,将创意元素与传统产业的产品和服务相结合,如动漫创意在衍生品中的扩散带动了教育、文化娱乐、游戏等相关产业的发展,促进了传统产业的创新。

三、创意价值链视角下创意扩散的特征

创意产业具有典型的“文化、知识、智力和创造性密集”特性,同时创意作品化、创意产品化和创意市场化各个阶段具有高投入、高风险、消费者需求不确定等特点。因此,复杂环境下创意扩散具有以下突出特点:

(一)创意扩散载体方面

1.创意扩散载体具有原创性、独特性和新颖性

强调“创意为王,内容为王”是创意产业生存和发展的本质,每一个创意都应该推陈出新、独一无二,与已有的创意存在显著差异。同时,创意扩散载体具有投入成本高、复制成本低、无形性强等特点,具有鲜明的知识产权性。

2.创意扩散载体具有演变性

创意扩散源在创意扩散的不同阶段中具有不同的载体表现形式,扩散过程中依次表现为创意源、创意方案、创意产品和创意商品。尽管创意扩散载体的表现形式不同,但是其内在的核心创意是一致的。

3.创意扩散载体具有衍生性

创意扩散载体的衍生性体现在:基于同一核心的创意可以衍生出多种不同形式的创意产品,创意产品又可以衍生出其他新的创意产品。

(二)创意扩散主体方面

1.创意扩散主体结构的多样性

创意扩散主体结构具有多样性。首先,创意扩散主体包括与创意产业链相关的各创意企业,同时也包括艺术家和自由职业者等核心扩散主体,还包括中介机构、大学和科研机构、政府和金融机构等辅助扩散主体,这些主体在创意扩散的各个阶段中扮演着不同的角色。此外,消费者是创意以产品形态为载体向外部市场中扩散时的一类重要扩散主体。

2.创意扩散主体联系的非线性

创意扩散过程中,各创意扩散主体之间存在着多种形式的复杂联系。创意扩散主体之间存在着知识流、信息流、资金流和产品流等资源要素的交换和整合;创意产业中的创意扩散主体多以中小型企业为主,在扩散过程中各创意扩散主体通过项目合作的方式形成正式的业务联系;此外,创意产业集群容易形成共同的集群文化,这种非制度性的文化提高了扩散主体彼此的信任程度,促进了扩散主体通过非正式的交流手段来进行创意扩散。

(三)创意扩散过程方面

1.创意扩散过程的复杂性

创意从最初的一个想法到大规模产品化过程,涉及多个扩散主体和扩散子系统,扩散过程呈现出非线性结构。从创意源的产生、创意产品化到创意产品在社会系统中的扩散和传播,在此基础上,不断形成新的创意源。创意扩散过程是一个由简单到复杂,然后由复杂到更高层次的简单的螺旋式循环上升的过程。

2.创意扩散过程的多层次性

多层次性不仅表现为创意在各扩散主体之间的扩散,还表现在同一扩散主体内人员之间、部门之间的流动。同时,创意产业链不仅是一个生产网络,还是一个社会关系网络。企业、大学和科研机构、中介组织及政府等主体相互信任、相互作用,存在着大量的信息、技术、人力资源等方面的交换,而创意在很大程度上也是基于该社会网络进行扩散传播的。

3.创意扩散过程的高风险性

创意扩散过程中的各个阶段都存在不确定性,由此引发创意扩散的高风险性。一方面,创意在创意研发设计系统、创意生产制作系统和创意市场营销系统内部的扩散存在着诸多不确定因素,同时创意在创意子系统之间的扩散也存在着不确定因素,由此引发创意方案设计风险、创意产品化风险和创意市场化风险等;另一方面,创意产品具有精神性、文化性、娱乐性,消费者存在着个性偏好、文化差异、时尚潮流等诸多不确定因素,由此引发创意扩散失败风险。

(四)创意扩散效果方面

1.实现了创意产业化

通过在创意价值链相关企业间的扩散,创意实现了从最初的想法演变为创意产品,产生了巨大的经济效益,推动了创意产业集群发展,从而带动了创意产业发展。

2.带动了产业创意化

通过在创意产业衍生品产业层的扩散,创意将创意元素扩散并融入传统产业的产品和服务中,通过与传统产业的关联促进了传统产业的升级和创新。

3.促进了城市创意化

创意的扩散激发了创意阶层的想象力,提高了城市创新系统中活动主体的创造力,并进一步形成文化资本、城市形象等城市软环境,从而促使创意意境的形成,由此完善了城市创新系统并加快了发展,促进了城市的全面繁荣和持续发展。

四、创意价值链视角下创意扩散的影响因素

目前国内学者对创意扩散影响因素进行系统研究得较少，缺乏一个较为完整的系统化的概念模型。陈劲等研究了影响创意企业创意扩散的主要因素，包括创意的特征、创意接收者的特征、环境特征及传播渠道四个层面（陈艺超等，2008；陈劲等，2005）。Rogers 最早提出了创新扩散的概念，揭示了创新扩散包含创新者、扩散渠道、时间和社会系统四个基本要素。本研究借鉴创新扩散的理论，结合创意价值链视角下创意扩散过程的特点，提出了创意价值链视角下创意扩散的影响因素概念模型（如图 1 所示）。该模型主要从创意扩散载体、创意扩散主体、创意扩散渠道和创意扩散环境四个方面研究创意扩散的影响因素。

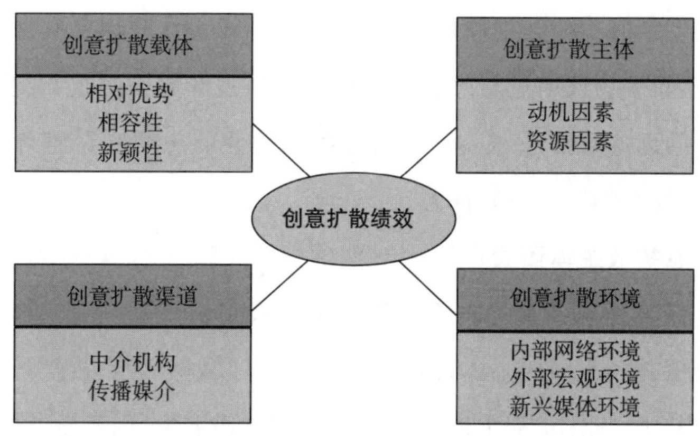

图 1　创意价值链视角下创意扩散影响因素模型

（一）创意扩散载体因素

创意最初源于创意个体头脑中的一个灵感、想法或点子，以创意灵感、创意方案、创意产品和创意商品等不同的载体表现形式在创意价值链各节点之间扩散，实现创意价值的增值。首先，无形的初始创意源在创意价值链上游创意研发设计系统中扩散，形成了创意方案；创意方案在创意价值链中游创意生产系统中扩散，形成了创意产品；创意产品通过在创意价值链下游创意营销系统中

扩散,形成了创意商品,创意商品进一步在消费者中传播扩散。尽管在创意扩散过程中创意扩散载体的表现形式不同,但内在核心本质的创意是一致的。创意扩散载体的相对优势、相容性、新颖性三个属性是影响创意扩散的主要因素。

1.相对优势

相对优势体现在创意扩散载体与其他创意方案或产品相比,在原创性、独特性、预期经济价值、艺术价值及社会价值等方面所具有的优势。创意扩散载体相对优势越大,越容易被创意需求主体采纳。

2.相容性

相容性体现在创意扩散载体所蕴含的艺术价值和社会价值等无形资本与创意企业、消费者及社会现有的价值观、信仰、精神文化需求等符合的程度。

3.新颖性

创新与创意的本质区别体现为:创新是指创新主体利用已掌握的信息和资源要素,创造新事物或引进新思想的活动,强调"生产要素的重新组合";而创意是源于人类的创造力活动,是新颖、独特和创造性的想法和灵感等,强调"无中生有"。新颖性是创意的重要标志。

(二)创意扩散主体因素

创意扩散主体是指参与创意扩散的个人或组织,是创意扩散的核心要素。根据创意价值链上不同的主体,创意扩散主体可以划分为直接扩散主体和辅助扩散主体。其中,直接扩散主体包括创意方案策划主体、创意生产制作主体、创意市场营销主体、创意衍生品开发主体及消费者;辅助扩散主体包括中介机构、政府机构、金融机构、大学和科研机构等主体。从创意在创意价值链上、中、下游扩散的方向,可以将创意扩散主体划分为创意供给主体和创意需求主体(李沃源等,2015)。

1.动机因素

由于创意价值链上游创意供给主体的"推动力"和下游创意需求主体的"拉动力",创意能够在创意价值链上由上游扩散到下一个阶段,其中动机因素是推动创意实现创意产品化和创意市场化的主要因素。创意扩散主体的动机因素源于通过创意扩散实现创意的艺术价值、经济价值和社会价值,创意价值链上不同节点的创意扩散主体具有不同的价值偏好。如位于创意价值链上游的艺术家和作家等,在创意扩散过程中,不仅追求经济价值,更多地考虑实现创意的艺术价值。

2.资源因素

创意价值链的中下游企业节点作为创意采纳主体,是拉动创意实现产品化和市场化的主体。创意产业是文化、技术和经济共同融合的产物,创意的新颖性、独特性等属性特征决定创意的产品化和市场化过程具有高风险性和不确定等特点。创意采纳主体的企业资源,不仅需要资金、技术、市场等传统资本,同时也需要创意阶层的创造力、创新意识等智力资本。需求采纳主体的资源越丰富,创意越容易扩散。

(三)创意扩散渠道因素

扩散传播渠道是信息从一个决策个体传播到另一个决策个体的渠道、途径和手段。Rogers 将扩散传播渠道划分为大众传播渠道和人际关系渠道;创意扩散渠道既包括创意扩散载体在创意产业链的上、中、下游各扩散主体间传播扩散的渠道、消费者之间传播扩散的渠道,也包括知识、信息、政策等创意相关信息传播的渠道。创意在创意价值链不同节点扩散的过程中,中介机构和传播媒介是创意扩散的主要渠道。

1.中介机构

中介机构包括各种营利性和非营利性的服务组织机构,它们在创意扩散过程中起到重要的桥梁作用。中介机构通过提供咨询服务、展览会等方式为创意扩散供需双方主体提供创意扩散载体的相关信息,创造知识、信息交流,价值评估的平台,降低信息不对称性和创意交易成本,实现创意价值链供需双边主体的匹配。中介机构服务的有效性能够提高创意在创意价值链上扩散的效率。

2.传播媒介

电视、广告、报纸等传统大众传播媒介是创意信息传播扩散的主要渠道。

近年来,随着互联网2.0的迅速发展,以互联网为主体的新兴媒介技术,如微信、微博等网络传播媒介为创意个体和创意企业的创意生产、传播和扩散提供了技术支撑。"互联网+"使创意扩散产生了倍增效应,也打破了传统的生产和消费界限,让具备创意才能的个体和消费者融入创意价值链中,实现了创意价值的共创。

(四)创意扩散环境因素

创意扩散是在一定的环境下进行的。创意扩散环境不仅包括创意企业所处的政策环境、市场环境等宏观环境要素,还包括创意价值链上创意个体、创意企业之间相互联系和交易形成的创意网络环境要素;此外,基于互联网平台的新兴媒体环境在创意扩散中也发挥着重要的作用。因此,创意扩散环境更具有复杂性和多样性。创意扩散过程和创意扩散环境相互影响和相互制约。

1.内部网络环境

创意价值链上创意个体、创意企业等创意扩散主体和中介机构、政府等辅助创意扩散主体之间的相互联系构成了创意扩散的内部网络环境。内部网络环境是信息、资源获取的一种特殊手段,同时,节点之间的高互动频率、高信任程度等网络关系能够降低创意交易成本、信息不对称成本等,减少创意扩散风险。

2.外部宏观环境

创意个体和创意企业所处区域的政策环境、市场环境、金融环境、社会文化环境和资本要素环境等构成了创意扩散的外部宏观环境。政策环境为创意扩散顺利进行提供了制度保障和制度支持;市场环境为创意市场化和产品化提供了创意交易的平台;金融环境为创意扩散提供了资金支持和保障;社会文化环境孕育了创新精神的文化氛围;资本要素环境为创意扩散提供了人力、智力、技术等资本要素。

3.基于互联网的新兴媒体环境

随着信息技术的飞速发展,基于互联网的新兴媒体,如微信、微博等,与传统媒体呈现联合发展的态势,构成了新兴媒体环境,在创意扩散过程中发挥重要作用。新兴媒体不仅是创意扩散载体传播和扩散的重要途径和手段,还在一定程度上颠覆了传统创意扩散模式,为创意产业发展带来了机遇和挑战。

五、研究结论与讨论

本研究基于创意价值链的视角,对创意扩散的内涵、创意扩散的特征及创意扩散的影响因素进行了系统分析和归纳,形成了一个具有内在逻辑联系的分析框架。本研究所提出的创意扩散分析框架对于创意扩散研究具有一定的意义。第一,目前国内学者尚未从创意价值链的视角建立起一个具有内在一致性的创意扩散整合分析框架,本研究为创意扩散理论的研究提供了一个初步的整合性理论分析框架。第二,创意扩散研究尚处于起步阶段,缺少实证研究,本研究建立的理论分析框架能为以后的实证研究提供理论借鉴。学者们可以从影响因素中选择合适的变量进行实证检验,也可以通过案例研究来进一步分析创意扩散的扩散机制。

本研究的局限性和下一步研究展望如下。第一,本研究基于创意价值链理论、创新扩散理论等理论基础,从创意价值链视角提炼出创意扩散的核心概念,未来的研究可聚焦于打开创意扩散的黑箱,从微观层面对创意扩散的过程进行研究;第二,本研究提出了创意扩散的影响因素理论框架模型,但缺少进一步的实证研究,未来的研究工作将进一步开展创意扩散影响因素的实证研究;第三,创意产业正处于蓬勃发展阶段,下一步将选择创意企业并进行长期追踪,通过案例分析进一步深化对创意扩散机制的讨论。

参考文献

[1] 厉无畏,王慧敏.创意产业促进经济增长方式转变:机理·模式·路径[J].中国工业经济,2006(11):5—13.

[2] 刘友金,赵瑞霞,胡黎明.创意产业组织模式研究:基于创意价值链的视角[J].中国工业经济,2009(12):46—56.

［3］ 刘凌燕，杨永忠.创意到创新转化的价值网分析：基于四川省文化创意和设计服务类企业的案例研究[J].管理评论，2020，31(12)：29－3.

［4］ 林明华，杨永忠. 创意产品开发模式：以文化创意助推中国创造[M]. 北京：经济管理出版社，2014：41.

［5］ 张庆普，李沃源. 创意产业集群产业扩散过程及扩散模式研究[J]. 研究与发展管理，2014，26(1)：22－23.

［6］ 陈艺超，陈劲. 创意产业中企业创意扩散的影响因素分析[J]. 技术经济，2008，3(27)：38－46.

［7］ 陈劲，高金玉. 复杂产品系统创新的模糊前端影响因素分析[J]. 管理学报，2005，2(5)：281－290.

［8］ 李沃源，张庆普. 复合价值视角下创意产业集群产业扩散主体决策研究[J].研究与发展管理，2015，27(3)：57－72.

Research on the Connotation, Characteristics and Influencing Factors of Creative Idea Diffusion from the Perspective of Creative Value Chain

Li Woyuan

Abstract: Without diffusion, the value of creative idea cannot be realized. It is of great significance to construct a basic analysis framework of creative idea diffusion from the perspective of creative value chain. This framework contains, the connotation, characteristics and influencing factors of creative idea diffusion from the perspective of creative value chain. Creative idea diffusion is a complex process, involving creative idea diffusion subjects, diffusion carrier, diffusion channel and diffusion environment. The interaction of diffusion elements constitutes a complex system. By analyzing the influencing factors and elements of creative idea diffusion system, the general process rules of creative idea diffusion are described. This study enriches the theoretical analysis of creative idea diffusion, and promotes the development of creative industry cluster in China.

Key words: Creative value chain; creative idea diffusion; diffusion characteristics; diffusion elements

文旅商联动视角下传统节事活动的旅游创意开发[①]

◎ 潘文焰　李欣[②]

摘要：本文基于文旅商联动发展视角对我国传统节事活动的旅游创意开发进行研究，认为：(1)传统节事活动在当代仍具有重要的经济价值，以及文化、生态、政治等综合社会价值。(2)从文旅商联动的视角来看，文化的吸引力、旅游的驱动力、商业的支撑力这“三力”构成了传统节事活动旅游创意开发的动力机制，并形成了文化性吸引、旅游式整合、商业化运作和集聚化组合“四位一体”的联动发展模式，且以“节事旅游集聚区”作为其空间组织形态。(3)对于文旅商联动发展的空间组织形态——节事旅游集聚区的内部业态体系构建，以节、庆、会、展等文化活动作为核心吸引物，这是重点和关键；以环境氛围、商业设施、特色餐饮等作为基础吸引物，这是前提和基础；以观光旅游、休闲娱乐、住宿康养等服务作为延伸吸引物，这是补充和完善。

① 本文受国家社会科学基金(17BJY158)资助。

② 潘文焰(1974—　)，男，江西婺源人，博士，东华大学副教授，硕士生导师，研究方向为节事活动管理、旅游IP化发展，电子邮箱：pwy88@126.com，panwenyan@dhu.edu.cn。李欣(1996—　)，女，河南济源人，硕士研究生，研究方向为节事活动管理、旅游演艺，电子邮箱：13069462085@163.com。

关键词：文旅商联动；传统节事活动；旅游创意开发；节事旅游集聚区

一、引言

以对自然物质的无限索取为特征的传统工业化发展带来了人口与环境的关系日益恶化、(自然)物质资源日渐见紧等重大问题。与传统的物质资源相比，文化资源是能够对人们产生直接和间接经济利益的精神文化内容，其开发与利用具有低能耗、低污染，以及高增值、可再生、可重复利用等优势，这对于人口与环境、经济、社会的均衡持续发展具有重要意义。在当前工业化和后工业化的浪潮下，传统节庆及相关文化由于所处时代和环境的不同、外来洋节的狂飙突进与现代人造节庆的狂滥围攻下，总体上已显示出日益消退的态势。从资源开发利用的角度来看，传统节事活动资源本质上是一种文化资源。通过旅游业及各种文化创意产业对其进行开发利用，已成为传统节事活动资源开发的新方式和产业转型升级的新路径，也是实现经济、文化、环境和社会等多方效益协调统一的重要方式，具有多元的当代价值。本研究基于非遗的生产性保护视角对我国传统节事活动的文化旅游开发模式问题进行研究，具有重要意义。

二、传统节事活动的当代价值

作为一种文化资源，传统节事活动并不能自发地形成节庆产业(范建华，2011)。但是，以创新和创意为核心，通过产业化的方式，能深入挖掘传统节事文化资源的价值功能，从而促进传统节事资源开发的经济价值转化，同时有效促进社会综合效益(包括文化效益、生态效益及政治效益等)的最大化。传统节事活动的当代价值体系见图 1。

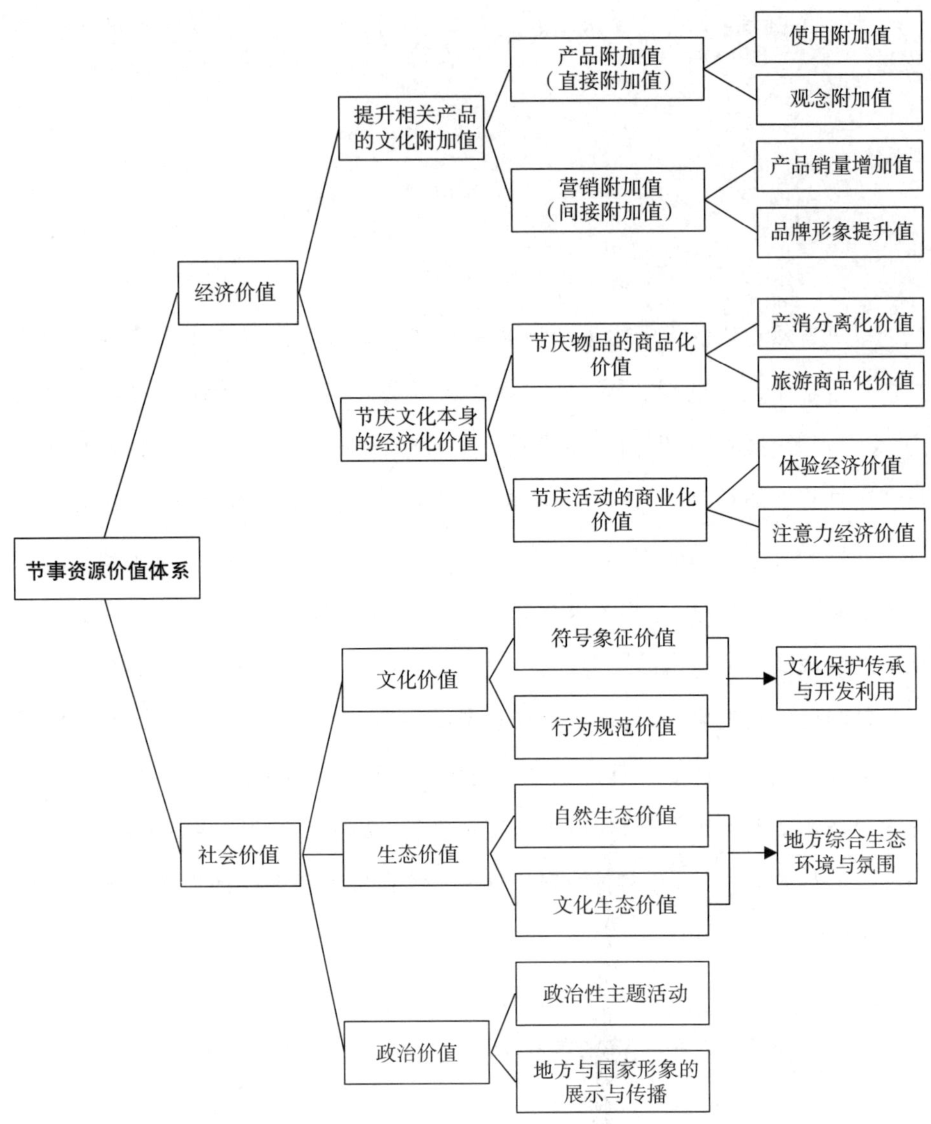

图1　传统节事活动的当代价值体系

（一）传统节事资源开发的经济价值

当今文化发展有一个趋势，即在保持原有的意识形态性、公益性、事业化的基础上更加注重经济性、盈利性和产业化发展，文化节庆也从往日的纯文化性，走向经济性与文化性并重，节庆的经济价值越来越明显。传统节事资源的经济价值突出表现在两方面：提升相关产品的文化附加值，以及节庆文化本身的经济化价值。

1.提升相关产品的文化附加值

(1)产品研发生产中的附加值——产品附加值(直接附加值)。在一般产品的产业化经营管理中，如果在产品的研发设计阶段就注重通过与特定的文化载体相结合，特别是与各类节庆文化相关联，通过对产品(尤其是物质产品)背后所蕴含的节庆文化内涵的充分挖掘和形式多样的创意表达，就能使原本普通的“物品”变成具有较高文化附加值的“精品”。这其中的文化附加值主要包括原来普通物品的使用附加值和蕴含特殊内涵与意义的观念附加值。二者巧妙地融合在一起，并渗透到产品的价格结构中去，通过对消费者功用及精神需求的满足，即可将价值附加转化为价格附加，且很多时候这一附加值的值域会超过物品本身的正常成本价格。这种附加值是直接体现在产品中的，因此本研究将其称为“产品附加值”或“直接附加值”。这种附加值适宜在产品的研发生产过程中挖掘。例如，在中国，月饼这种食品一定要和中秋节相联系，其文化(附加)价值才能得以生动表现——象征亲人团聚，圆缘美满，才会将价值附加转化为价格附加——卖出好价钱。因此，现实中商家都是在临近中秋节的月份大力包装推广，都想在节庆到来之前以高价把它卖出去。一旦快到过节或过了节日那天，就不得不以低价甩卖掉。这是因为此时的月饼和中秋节相关的任何文化的内涵及符号象征意义都化为乌有，对于大家来说月饼就是一种普通的面点(或糕点)，甚至还不是大家普遍喜欢的面点种类，其销量还被日常的面包、蛋糕等远远地甩在后头。若是在西方国家就更不用说了，因为根本就没有中秋节的节日文化与过中秋节的文化观念，当然就没有月饼这种食品的研发、生产和销售了，就更别谈它的附加值了。如果要西方人来看待月饼的价值，他们就只能从日常面点的角度来衡量估价了，因而月饼不太可能面向他们出售，更不可能卖出好价钱。

(2)产品营销推广中的附加值——营销附加值(间接附加值)。节庆文化对于一般产品的附加值，不仅体现在产品自身的附加值的价格表现上，还能通过节庆文化及其相关活动所形成的营销推广机制，即节事营销（也即事件营销），以促进产品销量的增加和品牌形象的提升，最终增加某一产品的销售额度和利润总额。也就是说，这是通过节庆为媒介平台方式的这一种营销推广机制，在总销量和总利润额上间接为某种产品创造了新的附加值。因为这种附加值是通过特殊的节庆（事件）对受众的注意力集聚效应，以刺激消费需求的集中释放或产品形象的集中展示为具体内容的间接营销方式来促进产品销量和利润额增长的，因此本研究将其称为“营销附加值”或“间接附加值”。这种附加值适宜在产品节庆营销中的各个方面（包含广告设计、活动策划、媒介推广等方面）去挖掘深化。例如，无论是通过传统节事（如中秋节、春节）为主题，还是以现代节事（如奥运会、世界杯等体育赛事，世博会、园博会等节事活动）为媒介，任何想扩大市场份额的产品以及与其相关的企业、地方政府等，都可以借助于这样的平台，向目标受众直接或间接地将良好的品牌形象完美地展示出来，实现相关产品及企业，甚至目的地的品牌形象塑造与传播，并于无形中推动产品销售总量的提升，实现被隐含在节庆（文化）中的附加值的价值转换与利润呈现。

2.节庆文化本身的经济化价值

传统节事资源本身的经济化是文化资源经济化的一种方式，主要体现在节庆物品的商品化和节庆活动的商业化两方面。

（1）节庆物品的商品化。

产消分离化：某节庆的相关用品原本是由当地民众自己生产、自己享用的“（生）产消（费）合一”状态，现在基本变为产消分离方式，即由专门化的部门机构进行标准化、批量化、规模化的生产和经营销售，当地的普通民众（也可以包括外来游客）只有在购买后才能享用。这就进入了一个商品化的市场经济循环体系，生产者（供给者）与享用者相互脱离，享用者往往要付出一定的经济代价，以消费者的身份来完成对特色风物产品的体验与享用，这对促进商品经济的发展是很有利的。如春节、圣诞节等节庆用品的产消分离就创造出了很多的经济价值和商业利润空间。

旅游商品化：为了迎合外来游客猎奇及文化体验等需求，很多地方的节庆物品(如各种节庆食品、服饰、用品、建筑等)现在已经被大规模开发成的标准化、批量化的旅游商品,以旅游纪念品的形式向外来游客销售,外来游客通过购买这些具有当地独特民俗风情的纪念性的商品,以资现时享用,或将其带回自己的常住地,以纪念品的形式对其慢慢进行品鉴。这样一来,节庆物品的商业化范围又实现了无形的扩张,产业化的触角越来越宽广。

(2)节庆活动(本身)的商业化。节庆活动(本身)的商业化价值主要取决于其体验经济价值和注意力经济价值。

首先是节庆活动(本身)的体验经济价值,这是基础。如为了增加传统节事资源经济化的深度,很多别具特色的节庆活动,如节庆的一些风俗仪式及典礼等,也常常被开发成"民俗表演""旅游演艺"等项目,以风俗仪式的表演化形式,满足本地社区居民和外来游客的体验需求。对于本地社区居民,主要满足的是其文化认同与凝聚的需求;对于外来游客,主要满足的是其对异域文化的体验与审美鉴赏需求。

其次是节庆活动的注意力经济价值,这是提升。因为节庆活动的举办对于受众来说具有注意力集聚效应,很多机构往往借助于节庆活动这一种特殊的事件类型开展事件营销与传播,从而把节庆活动举办者、媒体、商业机构及相关受众通过对共同主题的关注(即注意力)联系在一起,因此节庆活动本身(的举办)具有很高的注意力经济价值,于是就出现了在节庆活动的商业化运作过程中各利益相关者从环环相扣的利益链中各得其所的局面:节庆活动的组织管理者及相关机构组织可以从顾客的节庆活动消费和赞助商的赞助中获得经济上的利益回报;节庆活动的参与者可以从节庆活动的文化体验和鉴赏审美中获得(文化)心理上的满足;节庆活动的赞助者可以从中获得企业品牌形象传播及产品营销推广的机会;各类媒介机构则可以通过参加活动获得最新资讯和新闻题材,以吸引大众的注意力;节庆活动的举办地(社区或政府)则可从中获得本地文化整合与民众凝聚的力量,甚至向外展示作为旅游目的地的良好形象。

(二)传统节事资源的社会价值

节庆文化与文艺紧密联系,“不能当市场的奴隶”[①],不能什么都沾上铜臭味,这就是节庆文化的社会价值的体现。因此,传统节事文化资源在产业化发展的同时,要注重处理好节庆文化的产业化与事业化、经济性与公益性之间的关系,切实弄清楚产业化与事业化的界限及相关分工合作问题,通过产业化开发,传统节事资源的价值功能得到充分的挖掘。

1.文化价值

因为节庆现象的本质是文化,而文化的主体则是人类(及其社会组织形式),因此传统节事资源的文化价值是其最基础、最根本的价值点,并具体表现在符号的象征性及行为的规范性上。某一人群一旦认可了某种文化观念,一般就会通过外在行为及其附属的物质载体等符号体系来表现,这就是文化的符号象征价值。经过时间的积淀,某种文化观念会成为一种集体无意识,支配人的思维和行为(方式),甚至形成一种比较稳定的行为模式,这就是文化的行为规范价值。以民族节庆为依托的旅游活动,其本身就是对当地民俗文化的收集、整合的过程,通过挖掘节庆文化的符号象征价值与行为规范价值,会大大激发当地人的民族自信心和保护本民族文化的意识,使其致力于持续提高区域的文化价值。

2.政治价值

文化对人类(及其所形成的社会)的日常行为的影响,不仅体现在经济活动中。也会渗透到政治活动中,作为一种文化资源类型的传统节事资源的价值体系也离不开政治价值的体现,是文化的意识形态性在政治上的表现。首先,从直接方面看,当前很多地方政府主导的节庆活动本身就是政治性的主题活动,政治功能自然是其首要功能,如各国的国庆节庆典,就是具有重要政治意义的纪念活动。其次,从间接方面看,有些节庆已经成了政治思想或政治形象的传

① 习近平总书记2014年10月15日在北京召开文艺工作座谈会,其中“文艺不能当市场的奴隶,不要沾满了铜臭气”是讲话的重要精神。

播展示途径，很多以文化、旅游、体育等为主题的节庆活动往往深含着当地政府部门的政治意图，表面上看是文化（或体育或科技）性质的节庆活动，但从具体运作来看，很多地方文化节庆（活动）的保护与传承，往往都是基于政治意图来推动甚至是由政府来主导或组织实施的，而目的之一就是展示与传播地方或国家形象。

3.生态价值

文化对人类社会的价值影响，不仅体现在经济及政治方面，还体现在生态方面，这反映了传统节事资源的未来发展趋势与价值方向。当然，对这里的“生态价值”的理解我们要突破对传统的自然文化生态价值理解的局限，将文化生态价值包括在内。这是因为，某一区域范围内的社会环境是由自然和人文（社会）两大系统构成的庞杂的综合体，作为人类的文化现象的节庆现象的产生及其生存发展环境，除了自然生态，文化生态显得更为重要。因此，传统节事资源的生态价值应体现在自然与文化两方面，保护及开发利用传统节事资源，能够更好地促进一地自然与文化两种生态环境的保护和可持续发展。其中文化生态环境的建设和保持则需要倡导人类的普世价值观，发扬国家、民族及地方的优良文化精神，以先进的时代精神为主旋律，稳步展开，有序推进。

三、传统节事活动文旅商联动发展的动力机制——三力合一

传统节事活动的文化旅游开发需要通过一种比较可行的模式，方可长期持续发展下去。若仔细梳理，可发现文化、旅游、商业三者是传统节事活动文化旅游开发中的关键要素，让这三者产生联动——文旅商联动，并产生一定的集聚效应，形成产业集群，在某一空间范围内集聚发展，良性循环，促进其长期持续发展。在这里面，文化、商业和旅游不再分离，而是融为一体的，它们之间的相互作用关系构成了节事旅游产业集群联动发展的动力机制（见图 2）。

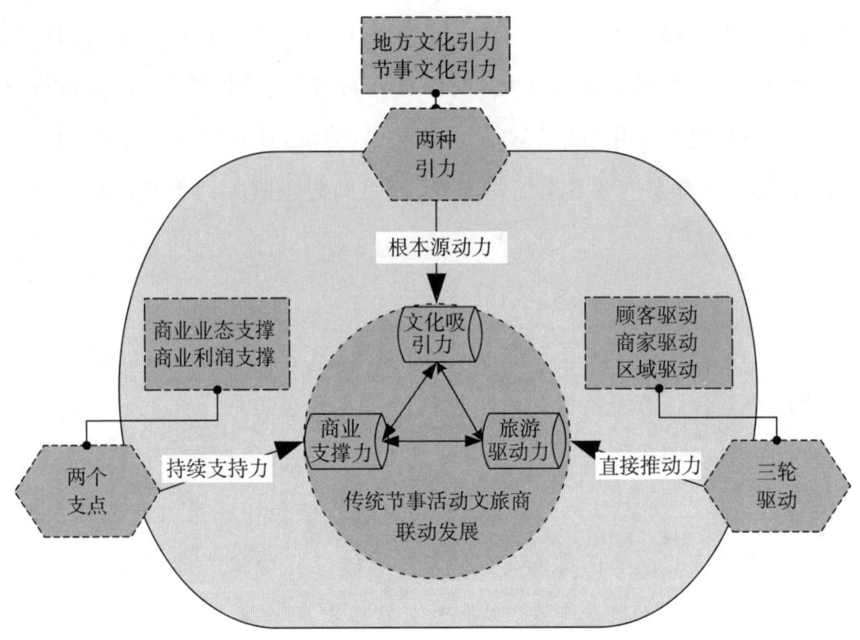

图 2 传统节事活动文旅商联动发展的动力机制

(一)文化吸引力——根本原动力

在文旅商联动发展中首先要解决“靠什么吸引人”的问题,即给顾客一个为什么要来的充分理由。这本质上就是一个“吸引物是什么”的问题。既然是文旅商综合体,那么就应该靠文化来吸引人,将其作为顾客前来的理由。因此,来自文化的吸引力就成了文旅商联动中的首要动力,缺少了文化吸引力,文旅商就不可能发生联动,节事旅游集聚区就好像是无源之水、无本之木,不可能持续稳定地发展。可见,文化吸引力是文旅商联动发展动力系统中的根本原动力。具体而言,节事旅游集聚区的文化吸引力来自两个方面,因此必须重点培育“两种文化吸引力”:一是来自当地的地域文化风格与特征的吸引力,呈现的是一个地方的特殊文化底色,这就为人们“为什么到这个地方来”提供了充分的理由,本研究将其称为“地方文化吸引力”;二是来自节事文化的特色与亮点的吸引力,不同时间段各不相同的节事文化活动的主题及其文化内涵,可以彰显在某一特定的时间段前来这里的特别吸引点,从而给人们“为什么在这个时候来”的充分理由——可称之为“节事文化吸引力”。

文化吸引力所要解决的“靠什么吸引人”的问题，如果按照经济活动的“生产—消费”分析逻辑来看，其实就是要解决资源的开发与产品的生产供给问题。而在节事旅游集聚区中以节事文化为核心的文化吸引力，本质上就是一个以地域文化资源开发为基础、以节事文化资源的创意利用为核心的文化生产问题，因此应该按照文化产业的基本规律与逻辑，特别是应该按照文化资源开发的特点与规律来指导开发与经营，通过鲜明的主题突出自身特色，成功地将独具特色的地方文化资源和时效性鲜明的节事文化资源转化为特色文化产品，吸引顾客前来体验、消费。简言之，从商业运作的定位角度来看，这就是一个产品定位的问题。

（二）旅游驱动力——直接推动力

在明确了应该提供什么样的资源与产品，解决了“靠什么吸引人”的问题后，文旅商联动发展接下来需要明确的是“主要吸引什么样的人”，即需要明确这些产品要提供给谁。既然是节事旅游集聚区，在明晰了文化吸引力的根本原动力的地位后，自然应突出旅游的特色，以旅游作为促进顾客前来消费的直接推动力，因此将以休闲旅游消费者为主要客源对象，将他们作为主要的吸引对象。具体而言，节事旅游集聚区的旅游驱动力应主要针对两个问题做出努力：一是这些主要的旅游者人群有哪些主要的需求（动机）；二是他们有哪些行为规律或特征必须掌握和分析。只有在对主要客源群体（节事旅游者群体）的动机需求和行为特征有了充分的把握后，才能让“三轮驱动”得以完美实现。其中：第一轮是顾客驱动——集聚区的整体规划布局及设施配套要根据旅游消费者的心理与行为特点，进行规划布局与集聚优化，以全面驱动旅游消费者的消费行为，并最大化地满足他们的需求，这是在旅游者群体的消费心理与行为层面上的微观驱动；第二轮是商家驱动——在第一轮驱动的基础上，通过科学的招商规划与贴心的商业服务管理，激发节事旅游集聚区内各商家的生机与活力，使各商家准确定位、差别竞争，既能满足游客的共同需求，又能体现各自的独特优势，这是在集聚区层面上的中观驱动；第三轮是区域驱动，即在前面两轮驱动的基础上，通过多方协调与联动，使消费者、内部商家、集聚区经营者，甚至周边社区及当地政府都能从文旅商联动中各得其所，最终实现多方共赢，这是在地方(城市)经营层面上的宏观驱动。

旅游吸引力所要解决的“主要吸引什么样的人”的问题，如果按照经济活动的“生产—消费”分析逻辑，其实就是要解决旅游休闲消费者的需求满足与行为体验的问题。因此应该遵循旅游业经营规则，尤其是遵循旅游休闲消费者行为规律来指导节事旅游集聚区的运营，通过对顾客群体的文化性需求的满足，使旅游休闲消费者的心理诉求及行为体验与节事旅游集聚区的旅游供给成功对接，实现文化供给与旅游需求的完美融合、联动共生。简言之，从商业运作的定位角度来看，这就是一个客源定位的问题。

(三)商业支撑力——持续支持力

最后需要解决的是“拿什么来支撑”的问题。在明晰了文化吸引力的原动力地位和旅游驱动力的直接推动力性质后，商业将作为一种核心的支撑力支持综合体内部文旅商联动系统的存在及长期运转，因此商业支撑力是整个节事旅游集聚区长期稳定有序发展的持续支持力。具体而言，商业支撑力通过两个支点的作用得以充分体现。第一个支点是商业业态的支撑，这是从节事旅游集聚区的具体现场支撑的角度来看的。因为坚持商业化，要让市场在资源配置中发挥主导作用，所以各个节事旅游综合体都是连接节事旅游生产与消费的场所，里面的业态布局都是以旅游消费者的心理需求和消费行为为导向来布局的，涉及景点观光、餐饮美食、休闲娱乐、商业购物、旅游信息咨询与导游服务、节事文化体验、住宿、游乐等多种“旅游”关联业态，为顾客提供一站式综合休闲体验环境，且区别于同类业态集聚的形式，互补性强，联动性好。如此一来，节事旅游集聚区本身及其内部商家的商业利润自然也能得到很好的保障，内部商家以及集聚区本身才能生存和持续发展下去，这就是第二个支点——商业利润的支撑，这是从节事旅游集聚区的长远发展的角度来看的。

商业支撑力所要解决的“拿什么来支撑”的问题，就是一个可持续发展的问题，其本质就是“让市场在资源配置中起决定性作用”的问题。在集聚区内，一方面，商业与文化融合在一起，使文化成为可供开发的资源和面向顾客销售的消费品，产生了联动；另一方面，商业又与旅游融合在一起，以旅游消费者的需求与行为特征为导向进行旅游产业的经营，通过创造出源源不断的商业利润，实现节事旅游集聚区的利益相关群体（游客、商家、节事旅游集聚区本身，以及周边社区及当地政府等）的相融相生和长期持续发展。简言之，从商业运作的角度来看，在节事旅游集聚区的持续发展中，文化的吸引力与旅游的驱动力就是在产业与人口视角下，商业化运作思维在（文化）生产与（旅游）消费两端发挥作用的表现。

综上所述，传统节事活动文旅商联动的动力机制可以简单地概括为：(1)商业，以满足需求为基础，为旅游和文化的体验创造条件，是文旅商联动发展的支撑力，可称之为“商业支撑力”；(2)旅游，以客流驱动为引擎，拉动商业和文化繁荣与发展，是文旅商发展的推动力，可称之为“旅游驱动力”；(3)文化，以提升价值为核心，为商业和旅游的内涵注入个性和主题，是文旅商发展的原动力，可称之为“文化原动力”。

四、传统节事活动文旅商联动发展的运行模式——四位一体

文旅商联动发展的运行模式，简言之，就是集文化、旅游、商业于一体，三者互相促进、联动发展的模式。具体而言，就是：以文化为根，通过文化性吸引人流和商流；以旅游为本，通过旅游式整合盘活区域内的文化资源与商业元素，满足与刺激旅游消费需求；以商业为用，通过商业化运作充分挖掘一定区域范围内的文化资源与旅游元素的内在价值，实现价值最大化；以集聚为媒，通过集聚化组合发挥聚合效应，由量的积累到产生质的飞跃，实现价值综合化（见图 3）。

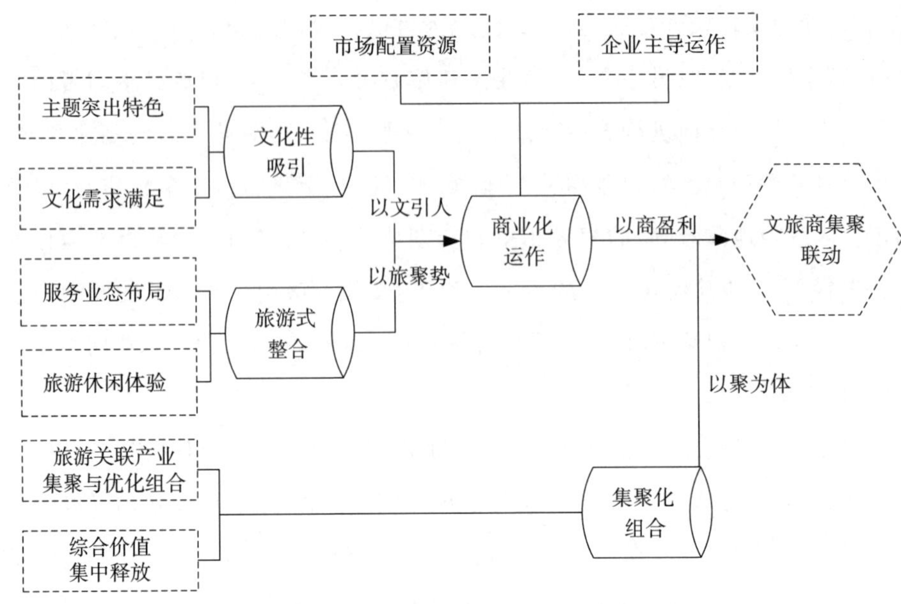

图3 传统节事活动文旅商联动发展运行模式图

(一)文化性吸引——以文引人

在传统节事活动文旅商联动发展运行系统内部,正是由于当地地域文化和节事文化的特色,游客才愿意前来参观与消费,这是激发受众前往消费的吸引源。因此,在文旅商联动中,文化是旅游与商业发展的奠基石,节事旅游集聚区的发展首先要以文化为根,通过文化性吸引为节事旅游集聚区导入人流和商流。

文化性吸引的实施路径就是"以文引人"(在节事旅游产业集聚区中尤其表现为"以节引人"),即通过对当地地方文化及节事文化内涵的挖掘,以文化来提升当地资源与产品的价值,为旅游和商业注入充实的内涵和个性化主题,自然就会形成文化吸引力,为节事旅游集聚区导入人流和商流。从文旅商联动角度来看,其中的文化可以多种形式融入旅游与商业中去,既可以有形的方式出现,如综合体的古典建筑、演艺、电影、茶道、雕塑等,也可以无形的方式出现,如与展览馆、特色小吃、民俗体验等融合在一起,但一定要体现当地文化的地方特色与节事文化的时间特性。简言之,文化性吸引的路径模式可概括为:挖掘(地方与节事)文化内涵—集聚(特色)文化资源和产品—产生文化吸引力—导入(旅游)人流与商流。

(二)旅游式整合——以旅聚势

对于任何地方所拥有的文化资源及产品来说,通过旅游开发往往能为其导入稳定的消费客流,这为相关文化资源的商业化开发提供了可能,并且通过集聚式的旅游整合开发,能使旅游消费的客流在时间上和空间上实现集中化,便于经营者把握商机,获取最大利润。因此,在文旅商联动中,旅游是文化与商业融合的整合剂,节事旅游集聚区的发展需要以旅游为本,通过旅游式整合盘活区域内的文化资源与商业元素。

旅游式整合的实施路径就是"以旅聚势",即以旅游业开发与经营为路径对集聚区进行旅游式整合,形成一个旅游产业集群,由此产生旅游驱动力,吸引旅游消费人流,并进一步带动更多的商业服务者进驻,从而为当地集聚多种势能——具体包括旅游人流、旅游业态、旅游商流三方面的巨大势能,使其(作为节事旅游目的地的)影响力得以提升,以"节事文化体验+休闲旅游"一体化消费为突破口,促进区域的业态体系不断调整与优化。简言之,文化性吸引的路径模式可概括为:形成旅游产业集群—产生旅游驱动力—集聚多种势能—提升影响力—区域的业态体系不断调整与优化。

(三)商业化运作——以商盈利

商业思维的核心在于交换,通过市场交换使各方各得其所,以满足(未实现的)需求,这样才会使交换物的价值达到最大化。文旅商联动的目的就是要让旅游的各要素及文化的各方面通过商业化运作,实现价值最大化,并持续下去。因此,在文旅商联动中,商业是文化与旅游联动的支撑点,节事旅游集聚区的发展还需要以商业为用,通过商业化运作充分挖掘区域内的文化资源与旅游元素的内在价值,实现价值最大化。

商业化运作的实施路径就是"以商盈利",即以资源商品化、价值市场化为方向,在集聚区内,商业与文化融合在一起,形成文化产业布局,同时按照旅游产业的思路与方式进行经营运作,通过创造出源源不断的商业利润,以维持集聚区的长期生存和可持续发展。简言之,商业化运作的路径模式可以简单概括为:资源商品化,价值市场化—以商业促进形成文化产业布局,并按旅游产业的逻辑进行运作—保证持续的商业利润—集聚区的可持续发展。

(四)集聚化组合——以聚为体

通过集聚化组合能将原本各自离散的文化资源、旅游要素、商业元素在同一时空内聚集,既有助于实现文化旅游者消费需求的一站式满足,也有利于实现文化旅游产业综合供给的一体化到位,从而达到需求端和供给端的成本最小化和效用最大化。因此,在文旅商联动中,集聚是三者联动的承载体,节事旅游集聚区的发展还需要以集聚为媒,通过集聚化组合产生聚合效应,由量的积累到质的飞跃,实现价值综合化。

集聚化组合的实施路径就是“以聚为体”,即以集聚区为载体,在集聚区内要注意以“旅游”关联产业为导向对入驻机构进行选择与集聚组合,这是因为不同于同类产业的集聚,集聚化产业其互补性强,联动性高。再加上节事活动的文化性吸引,区内业态的集聚可以按照“旅游产业+节事文化产业”的大框架进行优化组合,按照节事旅游目的地的方向进行打造,将吃、喝、玩、乐、游、购、娱等旅游业态集中在一定地域内,让不同的游客在较为集中的时间段内得到丰富的旅游休闲和综合文化体验,使游客的多种需求得到一站式满足,区内各服务机构的综合价值得到集中性释放,进而提升整个区域的竞争力与综合价值,最终使其成为著名的旅游胜地、商业地标或文化体验示范区。简言之,集聚化组合的路径模式可以简单概括为:以“旅游”关联产业为导向对入驻机构进行选择与集聚组合—按照“旅游产业+节事文化产业”的大框架进行优化组合—保障持续的商业利润—集聚区的可持续发展。

综上所述,传统节事活动文旅商联动发展应:以文化为根,通过文化性吸引奠定发展的基础;以旅游为本,通过旅游式整合驱动势能的发挥;以商业为用,通过商业化运作获得长久的支撑;以集聚为媒,通过集聚化组合提供空间的载体。

五、传统节事活动文旅商联动发展的空间组织形态——节事旅游集聚区

传统节事活动的旅游创意开发既然找到了文旅商联动这个运行模式，那么还得有一定的空间载体依托，才可以具象化，可落地，可执行。这个可供传统节事活动的旅游创意开发依托的空间载体即"节事旅游集聚区"，这就是传统节事活动文旅商联动发展运行模式的具体空间组织形态。

作为综合聚集节事与旅游功能的特定空间的节事旅游集聚区，综合考虑了当地居民和外地游客的节事及旅游休闲消费的多元复合需求，进一步凸显了节事文化和旅游休闲相结合的功能特色，本质上是一个节事产业集聚区与旅游产业聚集区的结合点与共生体，可独立形成一个完整的经济运行系统，并已成为一种旅游休闲目的地形态，且具有很好的发展前景。

从旅游产业经营的角度看，节事旅游集聚区的发展需要具体的产品项目——旅游吸引物作为其具体内涵来支撑，也就是说独特的吸引物（即产品）是吸引顾客光顾的具体载体，是产业经营的核心，因此特色鲜明的吸引物体系是节事旅游集聚区经营管理的重点。具体而言，节事旅游集聚区的吸引物（体系）并不局限于传统意义上的旅游吸引物，而是在突出节事（活动）这一核心吸引物的基础上，加上集聚区内的其他旅游休闲等相关项目的配套设施及环境而构成的一个综合吸引物体系。从内涵和功能上看，节事旅游集聚区的吸引物分为基础吸引物、核心吸引物和延伸吸引物三个层次类型，最终形成一个节事与旅游紧密融合、共同发展的综合性产业发展构架（见表 1）。

表1　节事旅游集聚区的吸引物体系

吸引物层次	内容(产业实体)		所属旅游要素①	依托的空间实体	价值功能	要求	性质②
	子类	释义或举例					
核心吸引物(活态产品)	节庆活动	传统节事(如傣族泼水节)和现代节庆(如青岛啤酒节)	游览	文化(创意)产业园区、旅游景区、商业街区等特色区域	吸引游客的核心;核心盈利点	主题化、时代化	激励因素:核心与关键项目
	会展活动	各类展览(如上海车展)及会议(如博鳌亚洲论坛)所衍生的旅游活动	游览	展览馆、博物馆、规划馆、美术馆等展览场馆;专业会议中心、酒店会议厅等会议场馆			
	赛事活动	如世界杯	游览	专业体育馆(场)、剧(戏、影)院等文体场所			
核心吸引物(活态产品)	演艺活动	明星演唱会和旅游演艺(景区实景演出、专题室内演艺)等	游览	文化中心、体育馆(场)、景区及主题乐园的演艺空间(室内、室外)等			
	其他活动	综合性活动(如世博会)、专门性活动(如婚庆、派对)等	游览	各类综合活动场馆(如上海世博园的一轴四馆)、酒店等			

① 传统旅游产业六要素是指游行食宿娱购,而本研究从节事旅游集聚区业态经营的角度看,将旅游产业要素具体分为游览、娱乐、购物、饮食、住宿、休憩、环境等。

② 基于提高顾客满意度的"双因素"视角,节事旅游集聚区的产品系列需要作为"保健要素"的吸引物(即基础吸引物系列)和"激励因素"(即核心吸引物和延伸吸引物)。其中,基础吸引物能稳定客源,是盈利的基本保障,所以是节事旅游产品(吸引物)体系的基础与前提,属于必需的(吸引物)项目;核心吸引物是吸引客源的关键与核心盈利点,所以是该吸引物体系的核心与关键项目,必须具备;延伸吸引物能留住顾客并延长其逗留时间,是盈利的拓展(增长)点,所以可以完善与补充吸引物体系,应该尽量完善和不断创新发展。

续表

吸引物层次	内容(产业实体)		所属旅游要素①	依托的空间实体	价值功能	要求	性质②
	子类	释义或举例					
基础吸引物(固态产品)	环境氛围	营造当地的自然生态环境和人文氛围	环境	公园、广场、特色街区等区域及其建筑空间	稳定客源;盈利的基本保障	标准化、本土化	保健因素:前提与基础,必需项目
	商业设施	出售各种旅游商品(纪念品)的场所	购物	商业街区及所包括的商业中心、商店等			
	特色餐饮	提供各种餐饮服务的场所	饮食	各种饭店及特色饮食店(广场、摊、点)等			
延伸吸引物(固态产品)	旅游景观	各类景区及其内部的景观(自然、人文)	游览	景区	延长游客逗留时间;盈利(拓展)增长点	个性化、国际化	激励因素:完善与补充项目
	休憩设施	各种休闲游憩设施	休憩	广场、公园、茶吧等休憩场所			
	住宿设施	酒店、招待所、公寓等住宿设施	住宿	星级酒店、经济型酒店等各种住宿场所			
	游乐设施……	提供玩乐、愉心悦意的设施……	娱乐	主题乐园、娱乐城等各种娱乐体验区域……			

(一)核心吸引物

节事旅游集聚区内各种特色节事活动(即赛事、节庆、演艺、展览等)是吸引游客的核心吸引物,能满足顾客节事旅游的核心消费需求(如体验和品鉴节事文化),是节事旅游集聚区生存与发展的核心与关键。因为特色鲜明的各类主题节事活动能提高顾客的满意度,属于“激励因素”的核心成分,所以节事旅游集聚区应该在符合主题化、时代化特点的基础上,经常、有计划地推出各类符合本区域特色的主题鲜明、个性突出的节事活动以引发目标受众的关注，从而吸引客源，真正成为集聚区核心的盈利点。

（二）基础吸引物

顾客被节事活动吸引来之后，节事旅游集聚区应如何做呢？从顾客的消费心理需求与行为模式的角度看，基础吸引物（体系）是为了满足顾客的基础旅游消费需求的，是节事旅游集聚区生存与发展的基础与前提。因为这是防止顾客产生不满意的“保健因素”，所以必须通过环境氛围的营造（如公园、广场、特色建筑及区域街区等）、商业设施的建设（如商业街区及其商业中心、商店等）、餐饮功能板块的布局（如各种饭店及特色饮食店）等项目的规划与经营，使其以长期固定的形态扎根下来，从而真正实现稳定客源、提供盈利基本保障的功能目标。此外，基础吸引物体系应该在达到基本的标准化要求的前提下，尽量做到本土化（民族化），为集聚区的个性化、主题化奠定基础。

（三）延伸吸引物

在顾客被节事吸引并被基础吸引物稳定下来之后，接下来要做的就是尽量延长顾客的逗留时间，使其增加消费。延伸吸引物（体系）是为了满足顾客附加的延伸旅游消费需求（即游览与观光、休闲游憩、娱乐消遣，甚至住宿等）而存在的，是对节事旅游集聚区吸引物体系的补充和完善。因为体系完善的延伸吸引物体系能提高顾客的满意度，属于“激励因素”的重要内容，所以各节事旅游集聚区应该在充分体现自身个性特色的基础上，尽量与国际接轨，体现国际化特色，不断完善与补充新的服务内容与项目，以吸引本地人、本国人，甚至吸引境外人士的光顾，真正成为盈利的拓展点与增长点。

综上所述，对于节事旅游集聚区而言，核心吸引物是重点和关键，基础吸引物是前提和基础，延伸吸引物是补充和完善。通过合理的规划布局与管理运作，做到以核心吸引物（节事活动吸引物）吸引客源，以基础吸引物（基础设施及环境氛围）留住顾客，以延伸吸引物（相关旅游休闲及商业项目）丰富顾客体验，以此提升顾客的满意度并衍生相关消费。只有这样，节事旅游集聚区的开发与发展才能为内部商家带来稳定的客源和利润，为集聚区运营者自身带来各类可观的项目经营收入和可靠的商业地产租售收益，直接提升所在地的土地经济价值，并带动当地的区域经济发展，真正形成（集聚区、入驻商家以及当地社会等）多方共赢的美好局面。

此外，从文旅商联动的角度看，节事旅游集聚区是以文化与节事为基础与核心，以旅游休闲为驱动，以商业运作为支撑，以节事旅游产业链生态的空间集聚为载体，整合节事产业与旅游产业要素而形成的综合性文化旅游（产业）聚集区。根据所依托地域的功能特色及文化资源禀赋的不同，节事旅游集聚区可分为旅游景区型、主题公园型、休闲公园型、文化产业园型、休憩商业区型、会展设施型、文体场馆型、综合发展型等八种常见类型。

六、总结

传统节事文化活动经常作为一种文化旅游资源被开发利用，是传统与当代经济社会生产与生活深度融合的重要方式。作为传统文化复兴，当代人文化自觉、文化自信、文化生产的重要载体内容，在文旅融合的大背景下，传统节事活动的文化旅游创意开发有必要以非遗的生产性保护思想为指导，在文旅商联动模式下充分发挥“三力合一”的效力（文化的吸引力、旅游的驱动力和商业的支撑力），以“四位一体”（文化性吸引、旅游式整合、商业化运作和集聚化组合）的文旅商联动发展运行模式，借助节事旅游集聚区的这一空间实施路径，实现传统节事活动在当代的价值最大化，促进我国文化创意经济的蓬勃发展。

参考文献

［1］ 卞显红.基于自组织理论的旅游产业集群演化阶段与机制研究：以杭州国际旅游综合体为例[J].经济地理，2011(2)：327－332.

［2］ 戴光全.节庆、节事及事件旅游：理论、案例、策划[M].北京：科学出版，2005：35.

［3］ 范建华.论节庆文化与节庆产业[J].学术探索. 2011(2)：103.

［4］ 冯卫红，苗长虹.国内外关于旅游产业集群的研究综述[J].人文地理，2009(1)：16

—21.

［5］ 龚丹韵.文旅商“三合一”,能否拯救实体商业［N］.解放日报,2013—9—9(W10).

［6］ 胡斌.文旅商合一:商业街呈现新样本［N］.中国商报,2010—12—21(16).

［7］ 胡斌.文旅商互动:常熟第一街创建中国著名商业街［N］.中国商报,2013—7—12(9).

［8］ 胡斌.文旅商互动苏州李公堤商业街渐成气候［N］.中国商报,2009—12—22(12).

［9］ 梁悦,闫红.“文旅商”互动“夜经济”亮火［N］.大连日报,2014—5—19(A01).

［10］ 马燕婷.文旅商街区集聚印象对顾客惠顾意向影响研究:以南锣鼓巷为例［D］.北京:首都经济贸易大学,2014(5):51—53.

［11］ 潘文焰.大型活动与旅游业互动研究:基于“触媒效应”与“母体效应”理论［J］.人文地理,2012(6):124—128.

［12］ 潘文焰.节事资源旅游产业化的路径与模式研究:基于“人口—产业”分析视角［J］.地理与地理信息科学,2015,31(2):104—108.

［13］ 宋长海.休闲主题街区:文旅商创四业联动［N］. 中国旅游报,2011—5—4(11).

［14］ 王春雷.从目的地管理的视角看大型节事与旅游业的融合［J］.旅游学刊,2009(2):5—6.

［15］ 王缉慈.解读产业集群［A］//王缉慈.中国产业集群.北京:机械工业出版社,2005:2—4.

［16］ 王爽,王远海. 打造文旅商一体化特色街区［N］.济南日报,2011—06—08(4).

［17］ 王志标.传统文化资源产业化的路径分析［J］.河南大学学报(社会科学版),2012(7):26—34.

［18］ 王志标.文商旅综合体的特征与发展趋势［J］.经济纵横,2014(10):80—83.

［19］ 吴建国.推动文旅商结合共同发展的思考［J］.上海商业, 2007(11):30—35.

［20］ 吴仲庆.豫园灯会的文化价值及文旅商联动发展［J］.上海商业,2013(7):14—15.

［21］ 肖宇辉.项目带动文旅商融合发展［N］.昆明日报,2009—7—23(A02).

［22］ 谢燕娜,朱连奇,杨迅周,等.河南省旅游产业集聚区发展模式创新研究［J］.经济地理,2013,339(11):175—181.

［23］ 新黄浦节庆经济形成规模效应［N］.解放日报,2011—09—06(2).

［24］ 杨香花.民族传统节庆旅游资源特征、旅游开发价值与原则的探索［J］.长春师范学

院学报,2005,6(2):68—72.

[25] 佚名."会文旅商"联动的政策建议[J].国际市场,2014(2):21—22.

[26] 于刃刚,李玉红,麻卫华等.产业融合论[M].北京:人民出版社,20064(1):10.

[27] 钟晓敏,刘迪玲."会文旅商"联动:上海经济、社会发展的新动力[J].国际市场,2014(2):16—20.

[28] 周振华.产业融合:产业发展及经济增长的新动力[J].中国工业经济,2003(4):46.

Creative Tourism Development of Traditional Festivals and Events from the Perspective of Cultural, Tourist and Commercial Linkages

Pan Wenyan, Li Xin

Abstract: Based on the perspective of joint development of culture, tourism and business, this paper studied the tourism creative development of traditional festival activities in China. It holds that :(1) Traditional festival activities still have important economic values, as well as cultural, ecological, political and other comprehensive social values. (2) From the perspective of tour business linkage, the driving forces behind the attraction of culture, tourism, and business constitute the traditional festival activities of tourism creative development dynamic mechanism, and form the four-in-one linkage development mode of cultural attraction, tourism integration, commercialization and agglomeration combination, which has the "festival & special event tourism clusters" as its spatial organization form. (3) As for the spatial organizational form of the joint development of cultural, tourism and business— the construction of the internal business system of the festival tourism cluster, it is the key point to take the cultural activities such as festivals, celebrations, meetings and exhibitions as the core attraction; taking environment atmosphere, commercial facilities, special food and beverage as the basic attraction is the premise and foundation; taking tourism, leisure and entertainment, accommodation and health services as an extended attraction is supplement and improvement.

Key words: Cultural, tourism and business linkage; traditional festival activities; tourism creative development; festival & special event tourism clusters

以女性用户为主的时尚搭配类手游的用户体验初探

◎ 杨派特　亓文①

摘要：移动信息时代的到来，女性提供了移动应用手游的巨大商机。移动开发商争相开发女性使用的手游APP，但都未曾有人对以女性用户为主的时尚搭配类手游的用户体验进行相关的系统研究分析。本文从技术、审美、用户方面分析了影响女性玩家的时尚搭配类游戏交互设计因素，从用户本能层面、行为层面、情感层面进行用户体验分析。进行以女性为主的时尚搭配类手游用户体验层面初探，以期为今后的移动开发带来指导建议，从而提高产品质量，加强用户情感体验，为今后针对女性设计的移动应用提供启示。

关键词：女性用户；移动应用；用户体验；时尚搭配；手游

① 杨派特，亓文，东华大学研究生，研究方向为交互设计与用户体验，电子邮箱：544268350@qq.com。

一、研究现状与相关理论知识概述

(一)国内外时尚搭配类手游相关研究

我国政府越来越重视文化创意产业的发展,游戏作为文创产业的重要部分得到了政策、经济上的支持。手机游戏的设计日益精良,国内外的许多大学、设计公司等,也将有关游戏的交互设计、用户体验等内容纳入研究。国内外的专家学者深知用户研究在手机游戏产品开发中占据着举足轻重的地位,游戏开发商十分善于利用大数据统计分析平台,用此手段分析用户在何种场景下会玩何种游戏,以及玩游戏时的行为偏好、情绪状态等,以此来调整游戏结构、提升性能,找到符合玩家需求的要素,改善玩家体验,扩大用户群。

不过,针对手机游戏女性玩家的用户研究及著作较少,Wedbush 的分析师 Michael Pachter 表示:"在游戏领域,女性是一个得不到充分服务的小众市场,因此那些时尚杂志的热情读者是一个市场机会。"尽管从历史上看,游戏文化一直是由男性主导的,但是女性已经成为这一领域的新兴群体。根据 Newzoo 的数据显示,在中国的一线与二线城市,以及年龄在 10～50 岁的人群中,有将近 44%的游戏爱好者是女性,全国则有近 3 亿女性玩家。说明对女性这一潜在游戏群体的发掘度还有待提高。一些知名的移动应用数据统计分析平台,例如 Google Analytics,会定期发布研究报告、白皮书等供手机游戏的开发团队参考。国外在女性玩家的用户研究方面的调查也不多,少数研究报告做了性别上的区分,但针对性不强,面向游戏玩家中女性群体的价值取向研究不足。

时尚界和游戏界的结合已经存在一段时间了。据报道,Epic Games 的"堡垒之夜"(Fortnite)的玩家每月花费 3 亿美元在"皮肤"上。2019 年 5 月,耐克专门为玩家制作了运动鞋。9 月,Louis Vuitton 与 Riot Games 合作,推出了英雄联盟的"皮肤",并为其世界冠军设计了一个冠军奖杯。因此,如何运用交互设计的方法来进行时尚搭配类手游产品的设计,以增强用户体验是重要议题之一。

(二)以女性为主的手机游戏

从广义上讲,游戏是一种有组织的玩耍,对心理或身体有一定刺激,一般以娱乐为目的,有时也有教育目的。此外,有些游戏可以培养相关技巧,有体能性、教育性、模拟性或心理上的意义。虽然游戏历史非常悠久,但作为理论进行研究是在近代才开始的。对游戏本质的研究仍在发展,目前还没有最终性的认识结论。

手机游戏是指运行在功能手机、智能手机、智能手表、PDA(个人数字助理)、平板电脑,便携式媒体播放器或计算器上的电子游戏,需要具备一定的硬件环境和系统程序作为运行基础。手机游戏一般从应用商店或移动运营商的门户网站下载,有时也会由原始设备制造商预先装载在手持设备里,或从移动运营商处购买后,通过红外线连接、蓝牙、记忆卡或电缆连接手机装载在设备里。简而言之,其本质就是手机平台上的游戏。

据调查,女性类的手机游戏类型可以归纳为:模拟养成游戏、模拟经营游戏、休闲(益智)游戏、音乐游戏和文字解谜游戏。随着女性用户对手机游戏的接触增加,以及技巧和兴趣的提升,女性涉猎的游戏范围将会更广。这就打破了传统的游戏设计理念,要求从业人员从新的角度以新的思路去看待未来的产品设计。

(三)交互设计概述

交互设计(Interaction Design, IXD),是定义、设计人造系统的行为的设计领域,它定义了两个或多个互动的个体之间交流的内容和结构,使之互相配合,共同达成某种目的。交互设计努力去创造和建立的是人与产品及服务之间有意义的关系,以“在充满社会复杂性的物质世界中嵌入信息技术”为中心。

交互设计涉及人与人、机器、环境等,其实是一个很宽泛的概念。交互设计跟工业设计、建筑学、信息架构、视觉设计和人机交互都有相重叠的部分,或者换言之,但凡涉及与人产生交流互动的领域都可能涉及交互设计的部分。

(四)用户体验概述

ISO 9241－210 标准将用户体验定义为“人们对于针对使用或期望使用的

产品、系统或者服务的认知印象和回应”。ISO 定义的补充说明有如下解释:用户体验,即用户在使用一个产品或系统之前、使用期间和使用之后的全部感受,包括情感、信仰、喜好、认知印象、生理和心理反应、行为和成就等各个方面。通俗来讲就是“这个东西好不好用,用起来方不方便”。因此,用户体验是主观的,且其注重实际应用时的产生的效果。

Jesse James Garrett 的《用户体验要素》这本书中提到的用户体验五要素模型:

(1)表现层:用户拿到产品后,产品呈现给用户的第一印象。

(2)框架层:当用户进入产品时,对产品整体框架的感受。

(3)结构层:用户开始使用产品后,用户对产品的感知。

(4)范围层:更深入地使用某个功能时,用户对功能的感知。

(5)战略层:用户使用完产品之后,用户判断是否完成了他的目标。

总之,用户体验是用户在使用产品时,产品带给用户在感官、交互、情感等方面的体验,让用户能方便快捷、舒适地达到自己的目的。因此,用户体验研究就显得尤为重要,它能帮助开发者了解用户需求以制定产品目标。男女无论是生理结构还是情感趋向都有所区别,在进行女性用户手机游戏设计时,从女性的角度思考问题尤为重要。

二、影响女性用户的游戏交互设计的因素

(一)审美因素

每个人的审美不同,对于美的关注度也不同。不过因为社会环境或本能驱使,女性相较于男性而言更加关注自己的容貌、穿着、品味,更喜爱打扮自己,在游戏中也是一样,她们对美的关注度相对高于男性。好的游戏界面设计会给女性带来某种程度上的视觉和心理满足。

以有名的中国手游《奇迹暖暖》为例,它很符合东方女性审美。从游戏主角设定来看:长头发、大眼睛、瓜子脸、小嘴,很符合东方女性对“美貌”的普遍定

义，再加上完美的身材和可爱的性格，构成了一个温柔善良、乖巧可人、秀丽娴雅的小家碧玉形象，代表了女性的一种理想状态，让人容易产生投射性认同。换言之，暖暖是虚拟版的东方“芭比娃娃”。从美术角度来看，整体画面以暖色调为主，形成了温暖柔和、轻松明快的主基调；大量粉色元素的运用，让人容易联想到浪漫、柔美、娇嫩、可爱等关键词。色彩心理学认为，粉色象征没有压力，可以软化攻击、安抚浮躁，能让人产生幸福的感觉，是十分受女性欢迎的色彩。从风格来看，游戏选择了日系动漫风。漫画作为日本的重要文化产业之一，对亚洲动漫文化发展造成了深刻的影响。自 20 世纪 90 年代大范围引进中国以后，深受 80 后、90 后的喜爱，形成了一股独特的“二次元”文化，并逐步发展壮大。其细腻可爱见长的风格，东方女性更熟悉也更容易接受，符合东方文化下审美。用户在进入游戏的过程中经历了一次次视觉审美活动，而那些高人气的游戏人物设计势必拥有美丽的造型、精心搭配的色彩、独特美感的装饰以及人性化的表情。随着年龄的增长，女性的思维能力、观察能力将会变得成熟，因此她们的思维深度、广度都将进一步发展，即便在审美上会有各自的偏好，但在一件富有现代美的事物上，她们的审美是存在共性的，女性在做出选择时会考虑当下流行的风格、色彩等。

在进行设计的过程中，基于女性审美的共通点，在此基础上去设计形象，以及找到一些比较新的设计语言，会更容易被女性这一群体所接受。

(二)技术因素

运用先进交互技术，可以提高产品的趣味性。技术是交互设计的基础，信息科技的迅猛发展正是交互设计学科成长的土壤。而技术的复杂和产品的智能也为交互设计带来了机遇和挑战。移动应用产品适用的交互设计技术有多点触控、传感器技术、体感技术、虚拟现实、增强现实和物联网技术。根据认知心理学的注意信息加工理论模型和注意信息分配理论模型，人的认知系统中注意能量有限，在多信息复杂情况下，会出现注意的选择和中枢能量的分配。为了吸引用户注意和注意的自动加工，立足于用户体验的游戏产品交互设计应着重强调其娱乐性、游戏性、趣味性和互动性，避免新兴技术利用率低的情况。

不同的手机触摸屏尺寸，带给用户的体验感受不同。分辨率也就是图像的精密度，反映画面呈现的细腻程度，屏幕大小与分辨率间的关系影响着手机界面的清晰程度，也就是说两款屏幕尺寸一样的手机，分辨率高的画面带给我们的视觉体验更佳。所以，设计师要充分了解屏幕的细腻度与色彩表现力对人们交互体验造成的影响。

多点触控技术可以实现用户在手机上的丰富操控。比如《崽崽 ZEPETO》中，用户可进入不同的房间，用户使用左手滑动控制游戏中人物角色的前、后、左、右移动方向，而右手可在游戏局点击控制技能的发送等操作。触点信号能被屏幕识别得越多，用户对界面的操作丰富程度就越高。用户通过单击、双击、滑动、平移、旋转等不同手势触摸屏幕。复杂的游戏操作正是得益于多点触控技术，在手机游戏界面设计中适当地丰富操作方式，可以给用户增添游戏乐趣，提高游戏可玩性，增强了人机互动的体验感。

3D 技术的发展，极致高清细节的展现，为打造界面风格提供了无限可能。比如《闪耀暖暖》所打造的各种极致真实的服装和场景，《崽崽 ZEPETO》3D 捏脸游戏的流行，让用户在游戏中快速获得真实又新鲜有趣的体验，提高用户对游戏的认同感，此类技术的应用极大地丰富了用户的游戏互动体验。

增强现实技术，即 AR，在真实物理世界环境实时的视图中，输入基于计算机捕捉和转换的感官信息，如声音、视频、图像或 GPS 数据等，进而增加真实的组成元素。

此外，还可以引入心流模型指导设计。现阶段的交互行为目标还处于让用户满意、激发用户的积极情感阶段，而心流体验则强调用户能够达到沉浸、忘我的状态，不计任何消耗，并能从中获得最大的愉悦感。心流体验是交互行为中用户体验的“巅峰状态”，会使人觉得认知高效、得心应手、无比兴奋和充实。心流体验影响着人们的幸福感并有助于愉快情绪、找到自我、满意等积极情绪出现，其中，挑战和技能是产生心流的两个重要因素。

(三)心理因素

人的心理活动是大脑活动产生的结果。由于两性大脑的不同，可探究归结出女性在使用移动应用时拥有以下四个心理特征：一是信息的敏感。神经科学名誉教授新井康允说："一般说来，男性在空间认知能力方面强些，而女性在语言及辨识细微差异方面的能力强些。"女性在语言系统上的天赋异禀这一特征使得她们在使用移动应用时会受到信息的影响。比如该项应用到底能给我带来什么用处，它能给我带来什么帮助等信息。二是注重细节。这一特征其实是信息敏感的进一步表现。由于女性天然的敏感性，她会注重移动应用功能的细节，比如它具体可以帮助我实现哪方面的需求，哪类人群在使用，细节到她们的职业年龄甚至收入，这些人群对于此款移动应用的评价等。这种注重细节的心理特征会一直持续到使用中，她们同样会关注着应用的界面设计和交互动效。在使用完毕后，她们可能会受到应用的影响，产生情感共鸣或反思。英国剑桥大学的研究人员揭示两性大脑具体差异的这项发表在期刊《神经科学与生物行为评论》(*Neuroscience and Biobehavioral Reviews*)上的成果纳入 218 项不同的研究，结果发现男性平均大脑容量要比女性大 8%到 13%，男性的大脑容量较女性大脑容量偏大使得他们偏向较为理科性思维。剑桥大学自闭症研究中心的负责人西蒙巴伦－科恩(Simon Baron－Cohen)表示："对多种文化的几百项研究证实，通常状况下，男孩更喜欢玩乐高和玩具车等组装玩具，而女孩更多与玩偶相伴。"因此在移动应用使用时，女性用户第三个心理特征就是趋向简洁化，简单实用的 APP 更符合许多女性的心理。四是分享交流，女性则有更多的"左右"连接，此外，负责伦理和社会责任的前额叶在女人的大脑中与其他部位有着更多的连接，左右脑之间的紧密联系整合了她们的直觉和逻辑分析，因而女性常常更加擅长语言情感表达和社交八卦。所以女性在使用移动应用时可能会希望更多形式的分享交流，比如很多女性通过购物类的 APP 买了一件漂亮的衣服，她们通常会顺带将衣服的图片通过移动互联网分享，从而得到共鸣甚至是赞赏。再比如小红书作为社交内容电商成功典范，就是基于 UGC(user generated content，用户原创内容)模式的达人分享以及种草产品，使用户产生兴趣，然后引发购买行为，比起传统电商模式，小红书的转化模式更加新颖也更符合女性心理认知。

三、以女性用户为主的时尚搭配类手游用户体验分析

(一)用户本能层面

用户本能层面即手机游戏带给用户的第一印象或感官感受。用户从听觉、视觉、触觉等方面接受手机游戏中的各类元素,影响感官体验的因素有手机界面布局、色彩搭配等。研究发现,男性的大脑皮层结构和女性相比有较大差异,右半脑是男性大脑活动的中心,而女性则以左半脑为中心。左半脑在辨别语言等事件上优于右半脑。所以,女性在听觉、视觉、触觉等感官知觉方面的反应比较敏感。因此,研发适合女性的游戏时要将美感放在设计的重要位置,游戏界面的设计要能够满足女性对于美的想象,使之通过游戏收获更多幸福感。移动应用中通过元素的位置、比例、形状、颜色等将信息生动地呈现给用户。在以女性用户为目标的移动应用中这些元素的设计一定要体现"女性气息"。因此移动应用中需要遵守视觉归属,让女性用户看到应用时会明白,这就是为我们而设计。《闪耀暖暖》中的美主要体现在人物的塑造及场景的建立中,人物的肌肤光滑细腻,毛发的质感真实。

(二)用户行为层面

能够挽留用户,提高 APP 用户留存的最大关键是 APP 的"易用性"和"有用性"。"易用性"主要指 APP 操作简单,组织结构清晰不复杂;"有用性"取决于游戏应用的核心功能提供。即一款打动用户的 APP,除了有用的功能外,更需要对庞大信息有着良好的组织以及适时地交互动效。

易用是研究女性玩家至关重要的因素,她们更愿意去选择浅显、易懂、轻松的游戏,一款游戏想要赢得女性玩家的芳心,那么在初入游戏时的向导就非常关键,如果想设计一款大众游戏,则游戏的设计中要避免复杂的流程和操作,她们不愿意花太多的时间精力去理解内容,这么做可能给用户带来抗拒心理,即便游戏的内容很丰富,也会在一开始就造成一部分用户流失。《闪耀暖暖》这款手游经久不衰的原因很大程度上来自于它的易懂性,从游戏设计的角度出发,

玩家目标是明确的:进入游戏后,只要跟着游戏界面的提示很快就懂得游戏规则。用户将瞬间进入状态。从操作层面来说,非常简单流畅——完成关卡所需要的全部动作就是点击服饰道具和对话框。对于女性而言,画面精致美观、操作简单易过、游戏时间灵活相对比较重要,同时女性玩家有一个特点在于其社交性远远大于男性,因此在社交场合推荐或者被推荐这款游戏的概率和推荐成功并下载的概率远远大于男性玩家。这或许能解释为什么该游戏能在排行榜上经久不衰的另一个原因。智能手机在移动端带来的革命,使手机成为一件必备品,那些已经成家甚至子女都成家的妈妈们也开始拿起手机进入移动互联的时代,国内手机游戏普遍受众定位却是年轻化的。因此针对不同年龄阶段,不同爱好的女性的游戏设计应该分别考虑,例如《闪耀暖暖》能如此成功的一个原因是其巧妙地牢牢地抓住了二次元女性玩家的心。

(三)用户情感层面

情感体验在游戏中可以表现为获得胜利的成就感、收获友谊的愉悦感、找到共同目标的归属感等,想要动之以情就要让玩家的精神层面得到满足。基于女性感性的思维方式,她们喜欢生活在自己创造的完美空间里,所以设计服务于女性的游戏产品一定要先分析女性用户的使用习惯、情感需求等,提取能引发用户联想与幻想,产生情感共鸣的元素应用到设计中。例如《闪耀暖暖》,它的成功主要来自两点:第一,目标用户定位非常准确,就是所有具有少女心的女性。第二,通过人物、剧情、声优三位一体,营造出了唯美的游戏环境。这里的游戏环境是类似小说和电影情景感和沉浸感。与男性为了变强或炫耀的消费原因不同,女性玩家一般都较为感性,因此更加容易为了精神上的满足冲动消费。基于此,游戏制作者想通过任何一种游戏背景进行设计,都需要搭建一个对应的环境,满足女性情感上的向往与需求。*Kardashian* 就是牢牢抓住女性用户对成名的渴望打造了一个一步步从普通人变成时尚明星的过程,满足了很多女性的愿望。*Drest* 则是满足了很多女性对时尚造型师这一时髦职业的向往,通过每个人的造型功底,都可以为各种场合的模特搭配造型。

社交与分享的功能改变了用户传统线下的交流方式,并在短时间内吸引了众多用户参与，让信息在人与人之间“病毒式”传播，是现在多数内容、社交、社区应用都会采用的功能。如 *Drest Kardashian Covet Fashion* 通过社交功能、分享功能还能获取金币，或者通过闯关勋章奖励用户。这些功能使女性用户积极地互动起来，使移动应用拥有了大批的注册用户。*Drest* 甚至有自己的游戏社区，在这里，每个人都可以对其他用户的搭配的时尚造型评价，自己过往的搭配也可以受到别人的点赞，满足一种女性的归属感和成就感。

四、结论

女性玩家是手机游戏重要的组成部分，未来的产品设计会更加致力于促进用户和产品、用户和环境之间的交流互动。提高 APP 产品的体验性和交互性，关注女性用户，使 APP 更具个性化、更加生动有趣，提升用户满意度，从而为手游产品带来使用价值之外的体验价值。基于此种目的，研究人员应当加大对女性玩家群体的关注，分析女性用户的游戏需求，有针对性地研究痛点，交互设计和用户体验研究的目的便是优化游戏产品，使之受女性玩家的喜爱，以此来促进手机游戏市场的发展。

参考文献

［1］ INGALHALIKAR, SMITH A, PARKER D.etal. Sex differences in the structural connectome of the human brain[J].PNAS,2014－1－14,111(2):823－828.

［2］ ISO. Ergonomic requirements for office work with visual display terminals (VDTs):Part11: Guidance on usability[S]. ISO 9241－11,1998.

［3］ NIELSEN. 10 usability heuristics for user interface design. Nielsen Norman Group. 1994－4－24.

［4］ JESSE JAMES GARRETT. 用户体验要素[M].范晓燕，译.北京：机械工业出版社，2011.

［5］ 约翰·格雷.男人来自火星，女人来自金星[M].苏晴，译.长春：吉林文史出版社，

2006:16.

[6] 唐纳德·A.诺. 情感化设计[M].付秋芳,程进三,译.北京:电子工业出版社,2005:1.

[7] 李世国,顾振宇.普通高等教育工业设计专业“十二五”规划教材:交互设计[M].中国水利水电出版社,2012.

[8] 李涯. 以女性用户为主的手机游戏市场分析与营销策略研究[D].北京:对外经济贸易大学,2017.

[9] 田蕴,王真.体验经济下旅游产品的交互设计应用研究[J].设计,2019,32(16):123—125.

[10] 小南.为女性设计:发现性别设计的秘密 [J]. 设计,2011(7):47—57.

[11] 栾佳玉.浅谈电子游戏情感设计 [J]. 设计,2017(23):48—49.

A Preliminary Study on the User Experience of Fashion Collocation Mobile Games with Women as Main Users

Yang Paite, Qi Wen

Abstract: With the advent of the mobile information age, women have provided a huge business opportunity for mobile application games. Mobile developers are scrambling to develop mobile game apps for women, but no one has conducted systematic research and analysis on the user experience of Fashion Collocation Class Mobile Game which with women as main users. This paper analyzed the factors influencing the interaction design of female players' fashion matching games from the aspects of technology, aesthetics and users, and analyzed the user experience from the aspects of users' instinct, behavior and emotion. This paper conducted a preliminary study on the user experience of fashion collocation class mobile games with women as main users, in order to bring guidance and suggestions for the future mobile development, improving product quality, strengthening the users' emotional experience, and providing enlightenment for the future mobile applications designed for women.

Key words: Female users; mobile Apps; user experience; fashion collocation; mobile phone games

区块链创意的自生长机制与应用场景

◎ 黄杰阳[①]

摘要：区块链创意性地搭建了去中心化、自生长、透明、不可篡改、长期保存的分布式账本体系。本文从信息论方法的角度，考察了区块链的自生长机制。区块链的自生长，是可信、透明数据的自生长，可以构建一种更低成本的信任机制，带动大规模协作，助推创意和创新，为金融业、制造业、文化创意等领域带来全新的商业模式。

关键词：区块链；去中心化；自生长机制；信任机制

一、区块链创意的自生长机制

区块链的基本结构是，用户把一段时间内的信息，包括交易数据或代码打包成一个区块，盖上时间戳，与上一个区块衔接在一起，每一个新区块的页首都包含了上一个区块的哈希值，然后再在页中写入新的信息，从而形成新的区块，首位相连，最终链接起来。任何一个区块内信息的轻微修改，都会导致哈希值的改变（Dylan Yaga et al，2018），而因为各区块环环相连，修改一个块中一个字

① 黄杰阳，海峡出版发行集团，国际创意管理专委会委员，电子邮箱：hjyfj@126.com。

节信息都必须相应修改接下去整条链的信息，成本极高，因此区块链存储的信息事实上是无法篡改的。

2009年，在国际金融危机中，区块链随着比特币应运而生。区块链技术是非对称加密、哈希函数、数字签名、点对点传输、分布式数据存储等已成熟信息技术的组合，创意性地搭建了去中心化、自生长、透明、不可篡改、长期保存的分布式账本体系。区块链这种理想状态曾经是互联网诞生之初信息技术的共同理念，早期互联网就是分布式、完全平等地构建的。然而随着互联网商业化，中心化平台的互联网应用在一轮又一轮".com"经济运作中逐渐失去了初创时的理想。在中心化的互联网架构中，用户账户、交易行为，统统存储在服务器后台中，比如即时通信、网络游戏、在线教育、数字阅读、在线视频等。

当互联网平台普遍采用中心化体系，造成的弊端包括：一是劣币驱逐良币，信息不对称。互联网上好的有创意的数字产品，很容易被互联网垄断企业用资本和技术模仿，然后烧钱获客，赚取流量。内容创作者要在网上社交平台、视频平台、游戏平台做出创意或创新，必须向中心化互联网平台缴纳大量的收益，或者被平台收编。这样一种互联网平台生态，难免导致劣币驱逐良币，打击原创内容的积极性和创造力。在这样的体系中，潜心做创意和创新的团队，得不到合理的回报，难以健康生长。无论是桌面互联网，还是移动互联网，创意和创新产品在中心化体系中难以发展壮大，却容易被复制模仿。二是互联网平台对用户数据的收集和滥用。各种".com"后台不断收集用户上网行为的数据、身份信息、位置信息，然后做针对性分析，并对目标用户投放广告。用户隐私数据泄露，骚扰电话、消息不断。这些体验并不是用户想要的，但是因为中心化互联网平台的垄断统治力，用户不得不接受这样的糟糕体验。

中心化互联网平台体系的这些弊端，不一而足。在区块链落地应用之前，电子商务和电子支付技术不得不依赖中心化互联网平台，因为当时的数字货币具有无限可复制性，人们没有找到更好的技术和机制，确认一笔交易的数字货币是否已经被花掉，这就是"双花"问题。所以，在交易中就需要一个中心化的媒介机构，保留交易总账从而保证每一笔数字货币都只被花掉一次。区块链通过整合公钥加密技术、哈希函数、数字签名、点对点架构等技术，创造出一种新式的加密数字货币，由分布式公共总账记录每一笔交易并由共识协议来全网确认，网络中多个参与计算的节点来共同参与交易数据的记录，信息不可抵赖，从而解决了“双花”问题。区块链上的数据通过加密和共识协议获得强信任背书，用户并不需要信任交易中的另一方或任何中心化媒介机构，只需要信任区块链系统，通过区块链实现一次性支付结算，进而实现价值转移。

区块链自生长的生态机制是基于去中心化架构和共识协议，确保所有用户记录的区块链数据相同，链上存证的可信数据和区块的数量以稳定的速度自生长。作为数字乌托邦，区块链系统是一个数学上可以自证清白，公平且高度自治的系统。这套系统设计遵循“有贡献就有收益”的原则，让任何有价值的人(哪怕非常微不足道)，可以获得他所创造价值的应有收获，却不受权威的压榨或欺凌。从技术发明层面看，区块链并没有创造多少新的信息科技，可以称区块链为技术创意。区块链设计的精妙之处在于，创造性地利用前人成熟技术建设一种包含着激励机制的分布式生态，通过全体参与者都认可的共识协议实现自生长。区块链的自生长机制，是可信、透明数据的自生长，亦即是链上节点之间信任的自生长。区块链自生长信任机制和中心化互联网流量变现的商业模式是完全不同的经济模式，给电子商务、金融业、文化创意产业都带来全新生态。可以说，区块链为新一轮数字经济发展、为新基建准备了网络底层机制。

二、从无序到有序——信息论的视角

信息论是现代信息技术、密码技术得以建立的基本理论，非常适合分析区块链这样的网络系统。信息论奠基者克劳得·香农(Claude E. Shannon，1948)的论文(*A Mathematical Theory of Communication*《关于通信的一个数学理论》)提出，信息是人们在选择一条消息时其选择的自由度的量度。香农从信源具有随机不确定性出发，为信源推出一个称为信息熵的函数作为其不确定性的测度。消息所带的信息可以解释为负熵，即减少不确定性。按照信息论视角，越中心化的系统，熵就越容易增大；真正想要体系的熵越来越小，信息和价值不断增加，那就要走向智能分布式系统。

区块链作为智能分布式系统，链上记录的数据是真实、透明、带着时间戳的，相对于中心化网络、中心化数据库架构更易于查证，可以有效降低网络系统的信息熵。在去中心化基础上，区块链通过激励机制和共识协议，实现了大量互不信任主体之间建立共识，以真实透明的特性打造了自洽、自组织、自生长的信息系统。区块链用可信数据重建社会信用，创造性地让原来没有信任关系的多方（人、机器、部门、机构）可以高效地协作；系统设计遵循有贡献就有收益原则，每一个在区块链上挖矿或做应用的人，虽然缺乏互信，但只要信任区块链系统，做出贡献就可以得到奖励。在区块链传递的信息引导下，非互信主体大规模、高效协作，这个是区块链相比以往各种信息技术的创新之处。

区块链的自组织、自生长系统首先表现为一个网络体系，以线上数据为主，但随着区块链应用拓展和落地场景增加，不断加强与物理世界连接，以区块链实现万物互联互通，就需要链上数据与链下数据联通，保障数据的纯净和真实，保障数据从发生时刻起就被记录在区块链上。随着5G、大数据和人工智能的普及，物联网与区块链结合将大大强化非互信高效协作，从无序到有序，加强工业互联网、人工智能的应用可靠性，形成一个分布式、透明、可管可控的智能物联网体系。在数字经济时代，非互信主体之间的交互需求将激增，这正是区块链应用在社会治理中的重要意义。

三、区块链在实体产业中的应用场景

2019年10月24日，中共中央政治局第十八次集体学习主题为区块链技术发展的现状和趋势。习近平总书记指出，要抓住区块链技术融合、功能拓展、产业细分的契机，发挥区块链在促进数据共享、优化业务流程、降低运营成本、提升协同效率、建设可信体系方面的作用。要利用区块链技术探索数字经济模式创新，为打造便捷高效、公平竞争、稳定透明的营商环境提供动力，为推进供给侧结构改革、实现各行业供需有效对接提供服务，为加快新旧动能接续转换、推动经济高质量发展提供支撑。习近平总书记“10·24”讲话为区块链在实体产业中的应用场景勾勒了宏伟蓝图。

区块链技术起源于比特币又超越了比特币。为了完善区块链技术，在比特币之外出现了多种新的区块链底层技术，响应速度TPS和安全性逐步完善。非互信多方，无第三方背书，可以基于区块链底层技术进行协作。区块链的独特优势使其拥有广泛的应用场景。

区块链具有天然的金融属性，可以构建一种更低成本的信任机制（这是用算法来保证）。所以金融业是区块链较明显的应用场景。作为点对点支付体系，区块链构建了全新的金融基础设施。区块链支付交易具有自证清白、一次性清、结算的特性，大大降低了金融交易成本；在跨国支付、跨境汇款领域，区块链技术的广泛运用降低了国际结算成本和时间。区块链的金融属性能使数据进行高效交换，支持有形资产或无形资产的价值数字化并确权，由此进行价值交易、价值交互。区块链生态也可以打造互助式保险机制，应用智能合约方式构筑灵活的、小范围的保险产品。

对于具有生产力的制造业、文化创意领域，区块链的自生长生态带来全新的大规模协作模式。与中心化互联网平台不同，企业不需要垄断信息和科技，不需要庞大组织架构；在区块链提供的信任机制下，企业构筑的生产力组织模式是依靠集体智慧、大规模协作。在工业领域，物联网区块链提供互信数据，促进数据共享，引领工业机器设备智能化协作，共同创造生产力。在数字内容领域，UGC与PGC在区块链平台上可以平等分享交流，拓展小众文化与长尾效应。区块链能打破数据壁垒，发掘数据价值，构建信用体系，保护各种创意，让创意创新可以自生长地传播，构建创意和创新协作的良性生态；打造一个分布式、自生长的透明网络，让文化创意界自愿、卓有成效地介入数字文化创意产品制作中来，鼓励保护原创。

就文化创意领域来说，相关的区块链应用主要场景包括：一是存证的应用。区块链存证用于版权保护，保证版权、交易记录的可信性，主要包括准入机制、登记备案、版权转移、可信交易、查询举证等。互联网时代,网络创作产品大量出现,而版权保护相对滞后。区块链版权鉴证能解决数字版权管理存在的确权难、授权难、维权难的三大行业痛点,将版权信息存储在多节点的共享账本区块链网络中,形成加密数据,无法被任意篡改,降低了版权维护的成本。对于数字文化创意版权的保护、创意传播分享提供了新的解决思路。二是防伪溯源。防伪溯源是区块链技术比较成熟的落地场景。通过区块链算法生成一物一码,确保最小包装可溯。区块链技术新型防伪算法生成的防伪码,一物一码防伪,可以杜绝普通二维码极易复制的缺陷。在文创领域的应用,艺术大师的作品实现防伪溯源,交易数据不可篡改,不至于把赝品当作真品交易,杜绝赝品。大师真迹加上防伪二维码,链码结合,作品所有流转过程区块链上可以追溯。例如,深圳文交所"文版通"采用区块链锚定文化艺术品版权资产,打造包含文化及艺术品版权的溯源上链智能合约、确权流转交易平台。三是管理供应链。区块链自身大规模协作机制管理供应链,管好大大小小供应链数据库,并且汇集起来,打通数据孤岛。区块链保证供应链金融系统信息的透明性和不可篡改性,使企业主体通过区块链实现信任的对等传递,降低供应链企业面临的信用风险。四是在游戏创意中的应用。游戏道具资产化,游戏消费者将拥有对游戏道具完全的自主控制权。利用区块链生态平台提供的游戏道具交易市场,消费者可以完全自主地交易游戏道具,自动实时交割,没有中间商赚差价。这对当前游戏平台是很大的变革,解决了游戏平台漠视消费者利益的问题。

区块链的应用场景丰富,潜力无限。目前区块链赋能实体经济处于起步阶段,客观上存在诸多难题,但是机会也不断涌现。

参考文献

[1] YAGA D, MELL P, ROBY N, et al. Blockchain technology overview[M]. National Institute of Standard and Technology, 2018.

[2] SWAN M. Blockchain: blueprint for a new economy[M], O'Reilly Media, 2015. 中译本:梅兰妮·斯万.区块链:新经济蓝图及导读,北京:新星出版社,2016.

[3] SHANNON C E. A mathematical theory of communication[J], Bell system technical journal, 1948(27):379—423.

[4] 中共中央政治局第十八次集体学习公报[N].新华社,2019—10—25.

[5] TAPSCOTT D, ANTHONY D. Williams. Wikinomics: how mass collaboration changes everything[M]. Portfolio, 2008.

[6] 王盼盼,杨力,黄智慧. 区块链对供应链金融的影响机理研究[J]. 黑龙江工业学院学报,2020(1):77—83.

Self—Growth Mechanism of Blockchain Creativity and Its Applicable Scenarios

Huang Jieyang

Abstract: The blockchain has creatively built a decentralized, self-growth, transparent, non-tamperable, long-term preservation distributed ledger system. This paper examines the self-growth mechanism of Blockchain from the perspective of information theory. The self-growth of Blockchain is the growth of credible and transparent data, and it will build a lower-cost trust mechanism, promote large-scale collaboration, promote creativity and innovation, and bring new business models to the financial industry, manufacturing, cultural creativity and other fields.

Key words: Blockchain; Decentralization; Self-growth mechanism; Trust mechanism

创意市场分析

Creative Market Analysis

数字化时代的文创产业生态

◎ 张建华[①]

摘要:以数字化为主要特征的新经济加速了人类历史上的第三次科技革命,全球疫情所造成的物理阻隔推动了相关产业数字化生存的步伐。文化创意产业在数字化时代的生存、发展呈现出全新的生态。本文重点讨论了工艺产品、服饰设计等与人们生活高度相关的文创形态及其发展规律。

关键词:数字化;文创;产业生态

文化创意产业是将文化的内容,通过创意形式的表达,最终产出兼具文化审美价值和商业价值的高附加值产品。世界创意产业之父、英国创意文化产业研究专家约翰·霍金斯提出创意经济的15个核心产业,使创意产业有了一个明确的产业范畴。这15个核心产业包括:广告、建筑、艺术、工艺产品、设计、时装、电影、音乐、表演艺术、出版、研发、软件、玩具与游戏、电视与广播、在线游戏。

目前理论界关于文创的定义尚无统一界定,本研究根据主流说法和商业实

① 张建华,四川省文化产业商会会长,金手指文化传播集团董事长,工商管理博士,中国作家协会会员,MBA导师。

践,将本研究所称文创定义为:"源于文化主题,经由创意转化,具备市场价值的物质产品。"文创产品的特性决定了它需要兼具文化和经济的双重价值。文创产品如果按照文化来源进行分类,可分为博物馆文创、景区文创、非遗文创、手工艺文创、数字创意文创等;按照文化主题分类,可分为宫廷文创、熊猫文创、佛系文创等;按消费场景分类,可分为办公室文创、居家文创、户外文创、公共空间文创等。

文创产业的供给端由创意创造者和生产经营者两大群体构成;需求端则是庞大的文化消费者群体。在"互联网+"的时代语境下,文创产业迎来了转型升级的机遇,创意创造者、生产经营者和文化消费者之间的壁垒被打破,一个全新的数字时代的文创产业生态正在形成。

一、创意创造者活化文化价值

1.群体的界定

内容创作是文创生产链条的上游环节。文创产业本质上是创意经济,承载文化输出的创意创造者是拥有生产力的中心群体。创意创造的核心内容是思想,最终成果是作品。这是人类自古就有的行为,艺术家是其中的佼佼者。互联网语境下,内容呈现出大众共创的趋势。创意创造者是在人文、历史、旅游、生活美学等领域生产原创内容(图片、文字、视频)的个人、自媒体、传媒、MCN机构等各种主体。

创意创造者属于文创产业的供给端,他们拥有两个主要的功能角色。其一,文化创意输出者。他们凭借自己在某领域的智识和审美,运用文学、音乐、美术、视觉艺术等综合的艺术手段,以及互联网的图文、视频、直播等形式进行表达,带来文化创意。其二,意见领袖。在互联网的大众传播领域,能够经常为他人提供信息,同时对他人施加影响的极少数"活跃分子",被称为意见领袖,也叫KOL。他们通过稳定而持续的内容创作,或传播知识,或展现生活品位。艺术家、作家、非遗大师、手工匠人、设计师、生活美学达人、旅游达人等是文创产业垂直领域的意见领袖。他们能够为文化消费群体提供生活艺术的指南。

2.群体的构成

文创作品是“文化主题＋创意表达＋物质载体”的产物，因此，从事文化创意的艺术家、作家，创意表达的设计师、手艺人是天然的第一批创意创造家。由于互联网的普及，文创行业中也出现了一批大众创意创造者，他们从兴趣出发，不断获得区别于普通消费者的知识和经验，渐渐具有了内容生产的能力，成为一个细分市场的网红达人，拥有小众的粉丝群体，他们将是未来互联网文创的底色。

3.IP 化的创作方式

前互联网时代文化内容生产的基本单位是作品。它是任何一个文化垂直门类的终极形态，可以是一本书，一首歌，一部电影。作品一经发表就实现了它的全部价值。而在互联网编织的文化网络里，作品的价值有了无限延伸的可能性。一本书可以被拍成电影，电影中的角色与道具又可以开发出衍生品，这便是 IP 的升级之路。

一方面，培养 IP 创作的自觉意识。IP 其实自古就有，但是直到数字化时代和知识经济时代，才激发出最大的能量。创作者应当努力形成自己的 IP，并用恰当的创意方式表达。另一方面，寻找 IP 的变现路径。与作品不同，IP 是开放的。创作者应当建立“IP＋”的接口，去寻找开发文创品的可能。如故宫围绕宫廷文化的大 IP，与文创品研发的规律结合，打造了一个集美食、服饰、摆件、游戏为一体的东方生活美学的王国。而文创品走入日常生活的同时，也将故宫的文化二次传播，从而形成一种更加立体、生动的 IP 叙事模式。

4.数字化时代的创意创造者经济

知识付费电商的兴起为知识服务领域缔造了一种富有生命力的经济形态。这种模式又为创意者经济注入了强大的动力。一方面，作为文化创意输出者，可以通过成熟的知识付费模式和内容流量分成模式，直接将创意变现，如今日头条和抖音短视频的优质内容创作者计划，就是让知识变得有价值；另一方面，作为意见领袖，他们是拥有粉丝基础的网红达人，可以成为生产经营者和文化消费者之间的翻译官，通过推荐和带货等方式，激活和提升文创品的附加值，从而获得文创产业营销环节的收益。

二、生产经营者实现商业价值

1.群体的界定

将文创品的供给端细分，创意创造家主要负责文化主题、创意表达的输出，其基本形态是作品。生产经营者主要负责文创品的实物生产和市场销售，其基本形态是产品。生产经营者将作品转化为产品，经文化消费者消费后实现商业价值。由于文创产品的特殊性，生产经营者又可以分为两大类：一类是自有 IP，如故宫、九寨沟，本身就是文化和旅游的大 IP，又兼具文创品的研发、生产和销售能力；一类是专业的文创产品生产经营企业，它们虽不拥有 IP，却拥有文创品的研发、设计、生产和销售能力，通过获得文旅 IP 授权，以实物为载体进行 IP 二次开发，如腾讯文创与故宫、敦煌、成都合作开发文创品，也是常见的生产模式。此外，随着文创产业与互联网的紧密结合，平台化后的文创产业还将迎来大众创业的潮流，创意创造者和文化消费者也可以轻松转换成商家的角色。

2.数字化时代的生产方式创新

文创生产者作为连接创意者与消费者的中间桥梁，位于产业链的中游。随着互联网对文化创意内容和消费者习惯的改变，文创生产者也需要革新生产方式。

其一，围绕 IP 活化文化创意。如果说创意家是围绕 IP 塑造精神世界，生产者就是围绕 IP 打造物质世界。IP 是承载历史文化和情感价值的符号，是数字时代里文创生产最重要的原材料。人类社会就是一部浓缩的 IP 史。历史形象 IP 如乾隆皇帝，神话人物 IP 如孙悟空，名人 IP 如李白，娱乐 IP 如《哪吒之魔童降世》等提供了源源不竭的素材。其二，以用户为中心创新物质载体。文创生产的最终目的是要满足消费者对文创品的精神和物质的双重需求。因此，文化创意产品从设计到生产，必须以用户为导向，让产品兼具文化价值与使用价值。故宫文创的转型就是一个标准范本。它从出售令人乏味的书籍和标价过高的明信片拓展为一个集文具、彩妆、服饰、摆件、美食、游戏的文创商业中心，每年仅从零售就能获得超过10亿元的收入，背后是对大众生活方式的真诚接纳和对人们向往美好生活的鲜活引导。

3.数字化时代的商业逻辑

互联网科技引发的平台革命，正在颠覆传统的商业逻辑。互联网时代下的文创品的生产经营，需要结合自身的特性与互联网规律，走出自己的商业逻辑。

(1)直面客户。互联网可以连接一切，一个文创交易平台就是一个永不落幕的文创博览会，通过行业聚集，可以最大限度汇集文化消费者，打破了传统的线性交易的限制，大大缩减了交易的中间环节。同时，文创品的消费是一种个性化消费，因此，通过私人订制、会员服务等方式，可以最大限度满足消费者的个性化需求。

(2)流量创造销量。做生意，无论线上线下，都要解决“获取顾客”的问题，只有能带来顾客的才是有价值的流量。随着平台聚集的流量越来越多，流量会越来越贵。因此，越早进入一个平台，流量获取成本就越低。

(3)信任营销。普通商品的价值是明码实价的，从政治经济学的角度来说，取决于它的社会必要劳动时间。而文创品的价值是“使用价值+附加值”，附加值的增长有很大的浮动空间。这也是文创品产业最有想象力的部分。作为生产经营家，要努力提高附加值，就需要做好信任营销，提高文创品的可信度，也就提升了附加值。至少有两个营销方向可以创造消费者的信任：一是用意见领袖代言，将意见领袖的精神价值和情感价值叠加到产品上；二是社交营销，将消费者变为传播者，运用熟人社交的机制，提升产品的可信度。

三、文化消费者提升生活价值

1.群体界定

对文化消费者群体进行描述,可以帮助理清文创产业的需求端,从而反向作用于供给端,生产出满足需求的产品。文化消费者是用文化产品或服务来满足人们精神需求进行消费的人,主要包括教育、文化娱乐、体育健身、旅游观光乃至日常生活等。本研究取其狭义,特指消费文创品来满足精神和物质需求的人们。

2.群体特征

这一群体普遍具有中高收入和消费水平,已经解决了温饱问题,对生活品质有要求,对设计和文化性产品敏感,追求个性消费,“文艺青年”“时尚玩家”“都市精英”是他们的身份标签。中国文化消费指数显示,26～40 岁居民的文化消费综合指数高于其他年龄段,表明 90 后已成为文化消费主力军。从学历角度看,不同学历人群的文化消费差异较为明显,其中本科尤其是研究生以上学历人群的文化消费综合指数相对较高。

3.消费习惯

移动互联网的语境下,文创市场出现了四大趋势。其一,选购标准多元化。消费者在选购文创产品时会综合考虑多个因素,有意识地拒绝千篇一律。实用性、美观、纪念、意义、创意、文化内涵等是他们首要考虑的因素。其二,使用场景生活化。一方面,生活美学成为主流消费观。以往文化消费以图书、演唱会、话剧、展览、旅游为主,是纯粹的精神享受。现在,兼具文化创意和实用功能的物质商品成为博物馆和景区最重要的创收,其背后是生活美学的支撑。生活美学博主李子柒开发的周边产品销售额达数千万元,因为她的商品既可以满足食用或穿着,同时还蕴含着东方田园的诗意。另一方面,根据天猫的文创消费数据,近九成文化消费者选用的文创品是用于自用场景,其次才是送礼等他用场景。这表明文创品的实用功能要与消费者的日常生活贴近。其三,偏好风格多样化。文创品属于个性化的消费,是消费者生活品位和个人格调的一种外在标志。其四,购买渠道线上化。相比博物馆和景区的纪念品商店,电商渠道已经成为最重要的文创品销售场景。

4.全球疫情下文化消费的新趋势

2020年,一场新冠肺炎疫情肆虐全球,世界经济陷入停摆状态。这是一场史无前例的全球危机,全球经济正面临着需求供给双重冲击,许多经济学家都预测实体经济会受到严重损害,其后又可能迅速升级为深度金融危机,其规模和范围将远超此前的全球金融危机。文化产业不会独善其身,但受到经济冲击的同时,却也爆发出新的历史机遇。一方面,线下文化消费短时间难以恢复。即便在取消对商业活动和交通的限制措施后,公众对感染的担忧也会改变消费者的行为。在有效治疗手段或有疫苗出现之前,影院观影、旅游、演唱会、展览等需要大量接触他人的文旅消费不大可能恢复如初。另一方面,"口红效应"蕴含文创产业的新机遇。"口红效应"是指因经济萧条而导致口红热卖的一种有趣的经济现象,也叫"低价产品偏爱趋势"。疫情之下,经济压力会降低人们对大宗、高价位商品的消费热情,同时,人们对物质生活的追求也将更多地转向精神内容层面。文创品中有大量小而精、价格适中的商品,且其中的文化属性又能够满足精神安慰和情感需求。可以预见,后疫情时代,线上文创商品的消费将成为刺激文化消费经济的新的切入点。

四、互联网平台为打通文创生态赋能

中国是一个文化大国,却并非文创强国。从文化事业到文创产业,从经典形象到IP孵化,既需要创意打底,还需要产业运作和传播加持。"互联网+文创"的平台模式则可以通过广泛链接创意者、生产者、消费者,创造文创新生态的闭环。

1.文创电商是对传统电商和传统文创的双向升级

随着全民审美和对生活质量的要求提高,文创产业将成为未来商业版图中最具想象空间的增量市场。文创携手电商将是赢得市场的突破点。其一，依托互联网，文创产业将实现交易的升级。利用成熟的电商配套，构建交易、金融和物流体系，打通供需两方，以缩短双方的交易成本，提高交易效率。又如现在大热的粉丝经济和直播带货，能够有效地传播产品背后的文化内涵，同时在短时间内引爆销售，与文创品激情消费和氛围消费的特性十分契合，赋予了文化消费巨大的想象空间。其二，文创电商用“内容”升级传统电商。互联网将加速文化产品的融合，文学、动漫、影视、游戏、音乐等形式不再孤立发展，而是更加协同、更有效率。通过内容创意和生活美学达人的聚集效应，增加商品的附加值，这是传统电商无法承载的价值。

2.传统的文化生产和消费关系正在被解构和重建

一方面，文创主体角色分工更加明确。创意创造者活化文化价值；生产经营者实现商业价值；文化消费者提升生活价值。另一方面，文创主体角色可以互相转换。从线下到线上，从文化机构、设计团队、用户到生产厂商，许多关系都会被打通，孕育着重新组织的可能。以腾讯文创为例，它与敦煌研究院合作推出了一个“敦煌诗巾”的小程序，用户可以在小程序里，对设计师提供的8款主题图案、近200组敦煌元素进行自由组合，自己设计属于自己的丝巾，并直接下单购买。不到一个月，就有超过280万名用户参与。在这个过程中，大家既是创作者、生产者又是消费者。又如在社交分销系统里，消费者可以通过分享商品获得奖励，它既是消费者，又是销售者。

3.以IP为核心的创意者经济是强大驱动

IP创意是文创产业的核心，而创意者则是第一生产力。在“泛娱乐”的大环境下，由于互联网降低了创意产业的门槛，又通过创造变现场景，提高了创意产业化的收益，将最大限度激发每个人的创意潜能。互联网模式下会去中心化，每一个人都是中心，文化创意者和消费者走向融合。大量的文创消费者也可以是创意者，他们可以是网络写手、插画家或视频博主，从而扩大文创消费的供给侧，进一步满足文化消费需求的多元化、个性化。

4.多维互动引领社群裂变

互动共生的社交模式会进一步增强社群属性，实现一对一、多对多的互动共生，产生粉丝经济、分享经济、知识付费等商业模式。创意者和消费者的互动会随着互联网社群化的深化，产生更多“小而美”的创意集群，IP文化和商业价值会进一步细分和垂直。生产者和消费者的互动，会加强品牌和受众的黏性，并建立自己的粉丝圈，依托社群的传播力获得有效的创意传播及转化价值；消费者之间的互动则可以推动消费者朝“消费商”的复合身份转变，成为“自来水”式的传播者，并分享文创交易的经济价值。

综上所述，“互联网＋文创”的平台模式将为广大的文创产业参与者搭建展示、交流、交易的共创空间。创意创造者的成果是作品，生产经营者的成果是产品，文化消费者又通过购买使用将作品和产品转换为商品。三者协同创新的模式，赋予了文化生产方式拥有更多的可能性，让人类文化在数字时代为更多的人们创造出更美好的生活方式。

Cultural and Creative Industry Ecology in the Digital Era

Zhang Jianhua

Abstract: The new economy characterized by digitalization has accelerated the third scientific and technological revolution in human history. The physical barriers caused by the global epidemic have pushed forward the pace of digitalization of related industries. The existence and development of cultural and creative industries in the digital age have shown a completely new ecology. This article focuses on the “craft products, clothes design” and other creative forms and their development rules that are highly related to people’s lives.

Key words: Digitalization; culture creativity; industrial ecology

成都市艺术品市场发展报告

◎ 王廷智　梅峥①

前　言

成都艺术品市场在全国范围内独树一帜，特别在西南地区，更处于中心地位，这主要得益于成都深厚的历史文化底蕴。自古以来，成都被称为“天府之国”，优越的自然条件和稳定的政治局势，让成都人民常年享受安逸慵懒的生活，也让当地人的心态更加平和与包容，再加上充裕的休闲时间，使成都孕育出了各种风格的文人和艺术家，这给成都艺术品市场的发展提供了坚实的文化根基。

《2018年成都市艺术品市场发展报告》主要围绕成都艺术品市场具有代表性的画廊、拍卖公司、艺术聚集区和策展人等进行调研分析，结合政府相关部门统计数据和行业协会数据，分别从国内外艺术品市场发展趋势、成都市艺术品市场发展基本情况、成都市艺术品市场发展评估、总结与建议等四个方面进行阐述。报告主要采用了调查、访谈、数据建模和对比分析等研究方法，对成都市

① 王廷智，四川大学商学院博士生，研究方向：文化创意管理。梅峥，四川大学商学院博士生，研究方向：文化创意管理。

艺术品市场主要机构、从业人员和市场受众进行了较为系统的分析，对企业信心指数、从业人员满意度和政策匹配度进行了测算。在以上分析基础上，报告总结了成都市艺术品市场的发展现状、特点和规律，为下一步政府制定艺术品市场相关政策提供了理论依据。

本次调研结果显示，截止到 2018 年 9 月底，成都市共有 1229 家艺术品工商注册企业，其中艺术空间和画廊约 230 家，艺术品拍卖企业 31 家。成都艺术品企业中有 970 家的注册地址集中在五城区、高新区和天府新区，占到了总比的78.92％，其中锦江区达到 487 家，武侯区达到 160 家，二者占比超过 50％，说明成都艺术品市场较为集中。从企业规模来看，有 653 家的企业注册资本金在 100 万以下，占比 59.4％，说明成都艺术品企业以中小企业为主。

根据相关统计数据和测算，成都艺术品一、二级市场存在严重的倒挂现象。2017 年成都艺术品市场成交额约为 2.3 亿元人民币。其中，拍卖市场成交 1.98 亿元人民币，占艺术品市场总成交额的 85％以上。在艺术品市场细分方面，根据雅昌成都艺术市场拍卖历史累计数据，截止到 2018 年 11 月底，成都艺术品拍卖市场中国书画成交量占总成交量的 58.98％，油画及当代艺术成交量占总成交量的 5.48％，瓷器杂项等成交量占总成交量的 35.54％。这说明成都艺术品市场的交易集中度与全国艺术品市场同步，主要集中在书画板块，尤其是中国书画板块。

对成都市艺术品市场从业人员的满意度调查情况来看，工作满意度中满意与很满意的占到 38.98％，成都艺术品市场发展的满意度中满意与很满意的占到 40.45％，政府服务的满意度中满意和很满意的占到 40.67％，成都艺术品市场外部环境的满意度中满意和很满意的占到 40.34％，均不及 50％，以上艺术品市场从业人员的满意度明显低于成都演出市场从业人员的满意度，说明无论市场化程度或政府重视程度都有待提高。

从成都市艺术品市场企业信心指数来看，企业综合信心指数为 65.21，其中企业现状信心指数为 64.49，企业预期信心指数为 66.31，说明业内对艺术品市场信心较为乐观，对艺术品市场的预期信心要好于现状。在综合信心指数中，企业环境信心指数低于企业融资信心指数和企业经营管理信心指数，说明艺术品企业对其经营环境的状况所持的乐观态度相对不足。

基于投射一试验后的政策对比分析显示，成都艺术品市场相关政策对于成都艺术品市场促进作用明显，艺术品市场企业注册数量增加迅速，超出预测值376家。这些新增的艺术创业企业主要涉及艺术咨询、艺术策划、艺术教育、艺术创意等艺术品周边业务，将为成都艺术品市场的未来发展带来新的力量。

针对上述调研结果，报告总体认为，成都艺术品市场仍处于低位运行，但发展优势明显，主要表现在成都艺术资源丰富、潜在消费力强、艺术创业活跃度较高。针对存在的主要问题，报告提出了相关政策建议：第一，做好市场的引导与组织；第二，规范市场的有序发展；第三，支持中介组织的成长；第四，打造成都艺术家荟萃景象；第五，激发市场消费潜力；第六，推动艺术品市场的国际化；第七，加快专项政策的制定。报告希望通过相关政策支持和市场作用，推动成都从国内艺术资源高地向国内艺术市场高地转化。

一、国内外艺术品市场发展概况

（一）国外艺术品市场发展概况

1.艺术品市场活跃度及区域分布

根据《2018全球艺术市场报告》，全球艺术品市场受世界整体经济环境的影响，近五年来均处于低谷，就2017年交易量来说，呈现回暖趋势。根据Art Basel和Art Price最新数据统计，2017年全球艺术市场总成交额为637亿美元，在经历了连续两年的下滑之后实现了12%的增长，成交量也同比增长了8%，其中，美国（42%）、中国（21%）、英国（17%）全球占比达到了创纪录的80%，相较其他国家地区，优势明显。

从整体成交额来看，一级市场交易份额（53%）略高于拍卖市场（47%）。行业通常会认为，市场行情景气时拍卖市场占比会明显增长，因为公开交易会带来更高价格的可能，这同样在2017年得到了印证。拍卖市场同比增长4%，这无疑与拍品天价成交相关。

美国市场:2017 年成交额为 266 亿美元,同比上涨 16%。2010 年以来,从金融危机中逐渐恢复的美国,在现当代艺术版块行情表现非常突出。然而,在 2015 年达到阶段性峰值之后,一度受到社会环境的不确定性、市场资源的供应不足等内外因素的影响而出现下滑。而值得关注的是,在特朗普税改法案中将艺术品从 1031 号同类财产交易制度(1031 Like-Kind Exchanges LKEs)的财产种类中剔除,这将会对艺术品交易的税费和交易频率产生较大影响,可能会影响到艺术市场的活跃度。

英国市场:2017 年成交额为 129 亿美元,同比上涨了 8%。但是,由于英镑在此时期对美元贬值近 5%,所以统计数据会在一定程度上低估英国市场的增长。而这无疑会增加英国市场对全球买家的吸引力。

2.市场发展趋势

(1)艺术市场仍然是以一级市场为主,但二级市场的成交量呈上升趋势。2017 年全球一级市场(经纪人和画廊)交易额为 337 亿美元,同比降低 4%,但仍为市场交易的主力。同时,市场的整体行情由高端市场所统领,25 万美元以上艺术品虽只占到交易量的 7%,但是却创造了近 50%的市场交易额。"现当代版块"的交易依旧占据一级市场交易的大部分份额,90%以上的艺术经纪人对此部分的行情仍表示乐观。

(2)拍卖行业市场集中度提高。50%的成交额来自前五大拍卖行(佳士得、苏富比、保利、嘉德、海瑞德),而美国(35%)、中国(33%)、英国(16%)三大市场则占据了全球 84%的拍卖市场份额。

(3)线上交易扩展趋势明显。2017 年全球艺术品及古董在线交易额达到约 54 亿美元新高,同比增长 10%,占市场总成交额的 8%。线上交易占到画廊成交总额的 6%,对于一线拍卖行而言这一比例仍非常少,目前拍卖行平均有 14%的交易在线上完成。但线上交易对新买家的吸引力在一、二级市场同样适用,不管是画廊还是一线或二线拍卖行,线上交易中近 40%都是新客户。拍卖行中,苏富比对线上交易高度重视,将其作为获得新客户的战略性方案。占到线上交易总量50%的新买家中,有20%之后参与了现场拍卖,2017年将仅面向线上进行的拍卖,由2016年的16场增加到2017年的36场,并与在线艺术品交易平台Invaluable的合作也更加深入。佳士得在2017年积极调整参与线上交易的模式,除了佳士得在线(Christie's LIVE)之外,转而更多的与第三方平台Artsy合作,使得用户在此平台上能够优先获得佳士得和Artsy竞价,并随后通过Artsy的实时综合拍卖技术参与到现场竞买中。

(4)艺博会带来新的发展。作为艺术品一级市场的一个集聚空间,相较二级市场不仅提供了更多、更广的选择,同时也是业内交换信息、建立新关系网络的平台。2017年全球艺博会成交总额为155亿美元,同比增长17%。与此同时,参展商成本也上升了15%,达到了46亿美元。2017年画廊的46%交易都是通过艺博会完成的,同比上升5%。纽约、巴黎、伦敦以及巴塞尔是2017年举办艺博会最重要的4个城市,重要的艺博会不仅给艺术市场带来更多收入,也给举办城市做出越来越大的经济贡献。

(5)画廊经营困难。从净利润指标来看,净利润与销售额增长依旧不同步,只是在1000万美元以上的高端市场净利率有明显提升。90%的现当代艺术品交易的净利率不超过30%,主要原因是市场价格整体偏高,成本加大;市场竞争激烈,销售成本增加。这也就直接导致了画廊经营困难,近10年以来新画廊的数量持续减少,2017年停业画廊的数量首次超过了新成立的画廊数量,以欧洲地区的变动最为明显。

(6)融资的困难。根据资料反馈,67%的艺术经纪人的资产负债率为10%以下,低杠杆是业内普遍的融资现状,与此同时也存在着存货积压和付款周期延长的现象。

3.国际对标城市

(1)纽约

纽约作为美国的经济金融中心,也是当前世界上最活跃的金融和交易市场。受到美国国际地位和其金融活跃度的影响,纽约在近些年的艺术品成交市场,始终占据着主导地位。

2017年仅巴斯奎特的《无题》和达·芬奇的《救世主》这两件作品的成交额就占到了全年的近2%。这两件作品又皆在纽约夜场成交,前者是在纽约苏富比春拍,后者是在纽约佳士得秋拍,对美国艺术品拍卖市场起到了导向作用。

活跃原因:世界交易中心的区位优势,发达的金融市场,高净值财富人群的高聚集度。

(2)巴黎

巴黎是老牌的艺术之都,也是世界艺术家最集中的地区。当前受世界政治经济格局的变迁和巴黎的区位优势下滑等多方面因素影响,巴黎乃至法国的艺术品成交量在不断下滑。

但是从另一个角度看,法国对于艺术资源的把控仍然未被世界其他国家所撼动,近几年来的世界前500名艺术家统计排名中,法国艺术家的数量仍然占到第一位。且巴黎在艺术展、艺术博览会等艺术活动的组织数量仍然排在世界前列,最值得一提的是,巴黎画廊的艺术品成交量,仍然占到世界画廊成交量的10%。

活跃原因:深厚的艺术传统,丰富的艺术家资源,但法国经济和区位优势下滑。

(二)中国艺术品市场发展概况

1.发展现状及趋势

(1)市场结构存在严重倒挂。中国艺术市场,自2014年以来进入调整期,5年来处于低谷运行状态。按照国际艺术市场成熟与发达地区的经验,艺术市场的生态结构应该是保持一级市场体量高于二级市场体量,才是合理的市场结构。据雅昌艺术数据统计,2017年中国艺术品成交额为132亿美元,同比上涨14%,但其中70%来自拍卖。

(2)画廊发展缓慢。国际上50%的画廊经营在20年以上,中国画廊发展历史较短,老牌画廊比重低,中国经营年限在20年以上的画廊仅占3%;画廊经营以10年为一个坎,国内画廊经营年限在10年以内的约占75%。在拍卖引领着成交额增长的同时,国内画廊发展缓慢,调查显示,大陆90%以上的画廊处于亏损状态。唯一的亮点是国际大牌画廊开始落户香港,如卓纳(David Zwirner Gallery)、豪瑟沃斯(Hauser & Wirth Gallery)。

(3)拍卖市场的集中度有待提升。2017年的市场中,保利拍卖行以10亿美元的成交量击败了嘉德拍卖行的8.15亿美元成交量,仍然占据行业领先地位,但拍卖行业的集中度存在巨大提升空间。美国前五拍卖行的份额超过了90%,我国仅30%,但随着拍卖行业务的逐步拓展和行业资源的不断整合,综合性大平台将成为未来的发展趋势。

(4)推动文物拍卖有序发展。由于行业内之前存在的流拍和交付问题较为严重,进入2017年后保质减量成为市场共识,2017年的上拍量同比降低3%,而成交量同比降低6%,均小幅下降。而流拍率在继2016年由57%猛降至52%之后,2017年趋于稳定,流拍率控制在53%。国家文物局在2016年年底印发的《文物拍卖管理办法》对2017年中国艺术品拍卖市场发挥了促进作用。该办法是对《文物拍卖管理暂行规定》及相关规范性文件的全面修订,核心是“简政放权、放管结合、优化服务”,旨在厘清政府与市场的关系,在加强规范管理、确保文物安全的前提下,激发企业经营活力,增加市场有效供给,推动文物拍卖有序发展。

2.中国艺术品市场国际地位

据Artprice数据统计,2017年中国纯艺术拍卖市场成交额排名前100的作品中,有28件来自油画及当代艺术板块,其中中国艺术家作品占比82.14%。中国艺术家作品愈加受到收藏家的关注,特别是学术价值高、作品代表性强的拍品,一旦上拍便能斩获高价。2017年全球艺术家前十强包括4名中国艺术家、3名欧洲艺术家和3名美洲艺术家。

2009年,中国的纯艺术品销售位列全球第一,这在艺术品市场的历史上是一次巨大的颠覆。8年后,艺术品市场持续发生着变化,变得更为成熟、品质更佳、速度更快和流动性更强。2017年,中美市场之间的激烈竞争造就了爆炸式增长。尽管美国市场增长42%,但是,中国作为全球首屈一指的艺术市场的地位依然无法撼动。但从按照年度拍卖成交额划分的全球500强艺术家排名来看，中国艺术家占到总数的32.4%，发展优势再次显现。

当前中国市场依靠的是大量上拍的艺术品(280 800件)，其中只有32%成交。美国市场则拥有市场上最高的成交率(75%)，远超西方平均水平(66%)。尽管如此，两国的业绩表现确实高度相似：中国拍出了89 400件作品，美国82 000件，两国的交易额也史无前例地接近。中美两大强国的表现令人惊叹，预计两国将在21世纪的绝大部分时间里持续保持统治地位。

3.国内对标城市

中国艺术品市场发展与中国地域经济发展程度较为匹配，目前国内最活跃的艺术品市场集中在北京、上海、香港、深圳等地。其中以北京和香港为例：

(1)北京

区位优势。作为中国的首都，同时也是政治、经济、文化中心，其国际影响力、财富集聚程度以及文化中心地位，使得北京成为中国艺术品交易无可替代的中心。

一、二级市场的繁荣。当前，以荣宝斋为首的大量国资、民营画廊企业活跃在北京艺术一级市场。以保利、嘉德等为首多家拍卖机构，已经颇具国际影响力，其中保利和嘉德在世界艺术机构排名中，分别排在第三、四位，北京二级市场的发展居于中国乃至世界的前列。同时，世界上知名的拍卖行、画廊等艺术行业的龙头企业和机构也纷纷在北京设立相关分支机构。无可非议，北京是中国当前艺术品发展和交易的中心。

政府引导。除了一些客观区位、地位、历史传承等因素，北京在重视艺术家培育和吸引方面给予了足够重视，以宋庄为代表的“画家村”，不仅吸引了国内艺术领域的众多艺术家，同时还形成了中介人、评论人、媒体人等大量行业相关人士的聚集，并吸引了国际知名艺术机构的关注。而且，以宋庄为代表的艺术聚集群落在北京并不罕见，北京近郊的众多区域，目前都存在着大大小小的艺术聚集区，这不仅培育了大量的艺术家，并为他们的发展形成了通畅的发展路径和平台，也吸引了更多的艺术家向区域集中。

金融优势和财富人群集中。北京的国际、国内地位也造成了它是国际和国内金融资本重点关注的城市，活跃的金融市场和相对密集的财富人群，以及财富人群相对前沿的投资和消费理念，也是北京艺术市场活跃的重要前提。

活跃原因：北京是中国政治经济文化中心，国际地位和区位优势明显，政府重视和扶持艺术品市场上下游市场，聚集不少国际国内知名龙头机构，财富人群集中及消费观念前沿。

(2)香港

区位优势。在1997年回归之前，香港就是作为中国与世界经济交流的一个重要口岸存在，因此也造就了相关世界金融市场中的历史地位。这一历史地位并未因为香港回归而受到影响，反而伴随着中国改革开放的不断发展和内地经济文化的支撑，香港的世界经济地位更加稳固。这种世界与中国交流的历史区位优势和当前成熟的金融市场，是香港艺术品市场繁荣的根本原因。

一、二级市场的成熟。当前，世界各大拍卖巨头均已布局香港。一级画廊市场在香港有着肥沃的土壤和成熟的消费群体。2017年，以卓纳(David Zwirner Gallery)、豪瑟沃斯(Hauser & Wirth Gallery)为代表的国际大牌画廊开始落户香港，无疑为香港艺术品市场的国际地位加码。同时，在二级市场方面，以佳士得、苏富比、保利、嘉德、海瑞德为代表的国际一线拍卖机构均已落户香港，并在近年的春秋拍中，都有较为惹人眼球的成绩。世界知名的会展机构巴塞尔也已落户香港。

金融优势和财富人群。由于历史原因，香港的金融地位在世界上颇具影响力。目前，香港不仅具备完善的金融市场和金融从业机构，也在吸引着全国乃至全世界众多的财富人群在香港常住或停留。这为香港艺术品市场的繁荣和成交量的提升提供了保证。

活跃原因：区位优势，健全的市场，金融优势，财富人群优势。

二、成都市艺术品市场发展基本情况

(一)发展概况

成都作为中国新晋的一线城市,也是西南地区的政治、经济、文化中心,其文化特色与底蕴经过岁月的积淀和时间的累积形成了独特的地域文化,尤其在艺术品市场方面独树一帜。这得益于成都市包容的城市文化,吸收和融合了多元的艺术风格,成为中国艺术家的摇篮。但相比于北京、上海等老牌一线城市,成都艺术品市场的总量还有待开发。

1.市场规模

据四川省拍卖行业协会数据、《四川省艺术品市场年度报告》及相关机构对2017年市场情况统计和估算,成都艺术品市场成交额约为2.3亿元人民币。其中,拍卖市场成交1.98亿元人民币,占艺术品市场总成交额的85%以上。画廊等一级市场成交约0.32亿元,其中专业画廊成交占比超过60%。

在艺术品分类方面,根据雅昌成都艺术市场拍卖历史累计数据,截止到2018年11月底,成都艺术品拍卖市场累计成交量约20.63亿元,其中中国书画部分交易量约12.17亿元,占总成交量的58.99%;油画及当代艺术交易量约为1.13亿元,占总成交量的5.48%;瓷器杂项等约为7.33亿元,占总成交量的35.53%。这说明成都艺术品市场的交易集中度与全国艺术品市场同步,主要集中在书画板块,尤其是中国书画板块。

2.注册企业

根据启信宝、企业年鉴等渠道获取的成都本地从事艺术品经营的工商注册企业信息(注:数据统计口径中,艺术品企业为营业执照中经营范围含“艺术品”的企业,选用数据为“营业中”艺术品企业),截止到2018年9月底,成都市艺术品市场营业中企业共有1229家,其注册的相关数据和变化趋势如表1所示。

表1 成都工商注册的艺术品企业

成立时间	2003年前	2003—2007年	2008—2012年	2013—2017年	2018年
成立企业数	39	54	123	460	553
占比	3.17%	4.39%	10.01%	37.43%	45.00%

数据来源:工商统计资料

由表1的数据可以看出,近年来成都市营业中的艺术品企业的成立数量在不断增加,特别是从2008年到2018年,处于快速增长的状态。2013—2018年成立的企业之和占成都市艺术品企业的82.43%,说明这段时间市场对成都艺术品的关注度较高。特别是2018年新增艺术品企业553家,占成都市艺术品企业的45%,接近一半。这些新增的艺术创业企业主要涉及艺术咨询、艺术策划、艺术教育、艺术创意等艺术品周边业务,将为成都艺术品市场的未来发展带来新的力量。

3.区域分布

从表2可以看出,整体来说,成都艺术品企业在区域分布上较为集中,主要在五大主城区、高新区和天府新区,共占比78.92%,其他15个区县总共占比21.08%。这说明成都市艺术品市场主要还是针对财富集中的区域和高端客户。其中,锦江区和武侯区的占比总和超过50%,表明锦江区和武侯区的艺术市场环境得到社会广泛认同。

表2 成都市工商注册的艺术品企业区域分布

区域	企业数量/家	占比
锦江区	487	39.63%
武侯区	160	13.02%
青羊区	118	9.60%
高新区	85	6.91%
新都区	46	3.74%

续表

区域	企业数量/家	占比
金牛区	44	3.58%
天府新区	40	3.25%
成华区	36	2.92%
龙泉驿区	35	2.85%
崇州市	26	2.12%
温江区	24	1.95%
双流区	22	1.79%
郫都区	21	1.70%
都江堰市	18	1.45%
彭州市	16	1.37%
邛崃市	16	1.30%
新津县	11	0.89%
青白江区	10	0.81%
大邑县	9	0.72%
金堂县	2	0.16%
简阳市	2	0.16%
蒲江县	1	0.08%

数据来源:工商统计资料。

4.企业规模

采用注册资本金观察企业规模,由表3可见,成都市营业中艺术品企业大多为轻资产,有59.40%的企业注册资本金集中在100万元及以下的范围;值得注意的是,注册资本金超过1000万元的较大企业有79个,占总比的6.43%。总体来看,成都营业中艺术品企业注册资本金以100万元及以下为主,随着注册资本金越高,企业数量呈逐步递减态势。

表3 成都市艺术品企业注册资本金情况

注册资本金	100万元及以下	100万～500万元(含)	500万元1000万元(含)	1000万元以上
企业数	653	314	106	79
占比	59.40%	25.55%	8.62%	6.43%

数据来源:工商统计资料。

(五)商标专利

从图1可见,成都市拥有商标的艺术品企业共88个,占成都艺术品企业总数的7.16%。拥有专利的艺术品企业共10个,占成都艺术品企业总数的0.81%。艺术品企业同时拥有商标和专利的演出企业8个,占成都艺术品企业总数的0.65%。可见成都艺术品企业中拥有商标和专利的企业占比较少,说明成都市艺术品企业的核心业务还是艺术品销售,对于艺术品的原创性和技术性方面涉及较少,这与成都市艺术品市场的自身发展规律和成熟度有关。

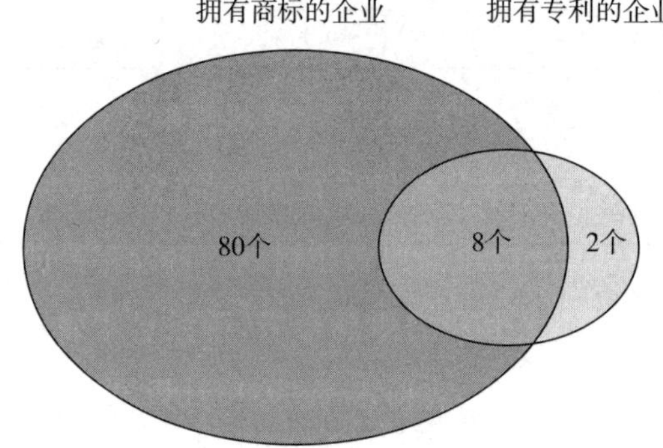

图1 成都市艺术品企业拥有商标和专利的企业情况

数据来源:工商统计资料

(二)市场细分

在我们主要调查的成都1229家艺术品公司中,画廊和艺术空间约230家,约占19%,主要是以画廊为主的艺术空间企业,但经营范围不局限于绘画,还包括雕塑、玉器、陶瓷等,他们的共同特点是有一定的建筑空间来举办艺术品展览或相关艺术经营活动。艺术品拍卖公司有31家,约占2%,是分类中最少的,这和拍卖公司的专业性有关，拍卖公司需要取得一定资质才能正常经营，相对来说比其他类别公司的技术门槛要高。我们在调研中发现，目前成都市正常经营的拍卖行约 10 家。其他艺术品公司 968 家，约占 79%，涉及艺术品、工艺品或古玩等的经营、批发、零售，以及艺术咨询、策划、推广、教育等艺术品周边业务，如华夏艺术网。如图 2 所示。

成都市艺术品市场具有多元化的特点，既有艺术品拍卖会、艺术品博览会、艺术画廊，也有小型展览会，低端艺术品市场等。比如成都送仙桥古玩艺术城，它有别于拍卖会或画廊等高端艺术消费的定位，主要是面向中低端消费群体，以传统字画、古玩为主，或销售一些当代油画，其画廊大部分是自产自销的经营模式并且会在空闲时间教授绘画技巧充当副业。送仙桥艺术市场的艺术品种类多样，价格也各异，买家多是出于对于艺术品和古玩的爱好而购买。

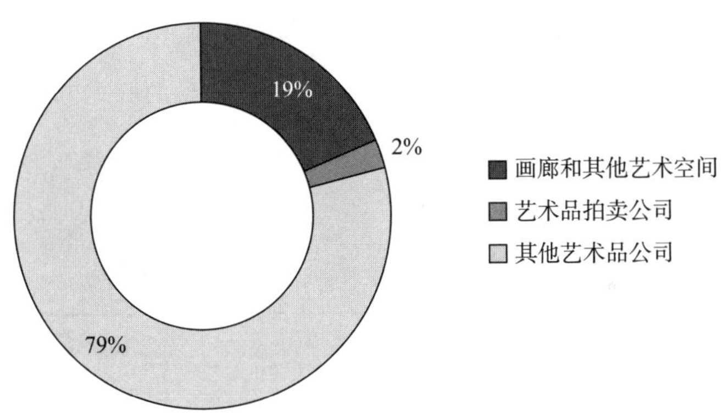

图 2　成都市艺术品公司的分类

数据来源：工商统计资料

(一)画廊及艺术空间

成都共有画廊和艺术空间约 230 家，其中专业画廊和具有办展能力的艺术空间约 160 家，其中青羊区 31 家、高新区 29 家、锦江区 23 家、武侯区 17 家、成华区 17 家，以上五区占比达到 73%。据画廊协会提供数据，成都画廊经营年限在 20 年以上约 5 家，10 年之内成立的画廊占到 85%。比较有代表性的画廊和艺术空间有四川美术馆、成都美术馆、诗婢家美术馆、蓝顶美术馆、岁月美术馆、大观美术馆、摩空精舍、宽云誉画廊、天成当代艺术、艺林阁、域上和美、许燎源现代设计艺术博物馆、浓园国际艺术村等。见表4。

前往画廊购买艺术品的消费者大多是有一定经济基础与艺术涵养的艺术品投资者。画廊的消费人群定位较高，并且是以盈利为目的进行宣传推广，有自己独特的营销模式，他们往往会根据艺术品的风格来制定营销计划，不定期的开办小型的符合消费者身份地位的展览、酒会或茶话会，并且开办一些有关艺术品鉴赏和发展讲座来增加消费者的艺术涵养。同时会对消费者的购买能力、购买倾向与财力雄厚程度进行消费类型分析以划分消费者的层次，从而有针对性的进行销售与跟踪销售，进而形成一个较小的艺术圈子。同时画廊还承担着连接艺术家与市场的重要角色，年轻艺术家如果想要向市场推销自己除了以参加展览的形式外，最常见的就是与画廊签约或让画廊收购自己的一批作品，以画廊作为媒介把作品推向市场。有实力的画廊还会组建自己的艺术品鉴赏与发掘团队，对一些有潜力的艺术家进行艺术作品的收购与推销，是整个艺术品市场的大环境中不可缺少的重要组成部分。

表4　成都市的主要画廊和艺术空间组织

所在区域	企业名称	展馆面积/m^2	数量/家
锦江区	成都蓝顶文化发展有限责任公司	1 500	
	四川岁月文化艺术有限公司	3 000	
	许燎源现代设计艺术博物馆	7 000	
	成都域上和美文化艺术馆	5 000	
	四川雅昌文化发展有限公司	200	
	成都市雕塑协会	148	
	四川省曦城文化传播有限责任公司	620	
	成都清源际文化发展有限公司	920	
	锦江区雅斐画室	109	
	锦江区冯坤绘画工作室	98	

续表

所在区域	企业名称	展馆面积/m^2	数量/家
锦江区	成都市盛东美术发展中心	—	23
	成都当代美术馆群投资管理有限公司	1 800	
	雅士生活圈艺术馆	330	
	正华堂	50	
	艺家国际画廊	2 000	
	四川英盟文化传播有限公司	300	
	何多苓美术馆	890	
	成都瑞麒和书画馆	800	
	汉默画廊	500	
	WM Gallery	320	
	红美术馆	600	
	ZAZ 现代艺术馆	1 000	
	艺术蜥蜴	80	
青羊区	四川美术馆	2 646	
	成都诗婢家文化有限责任公司	1 000	
	西村艺术空间	2 610	
	成都当代工笔画研究会	128	
	成都画院(成都市美术馆)	2 331	
	成都艺林阁文化传播有限公司	400	
	四川盛世风韵文化艺术品有限公司	—	
	四川森枫艺术品有限公司	740	
	骊画堂	500	
	成都六九文化传播有限公司	—	
	四川七月画舫文化传播有限公司	113	
	成都浣花雅集文化艺术有限公司	1 100	
	四川锦江书画廊	100	
	四川怀古堂文化投资有限公司	1 300	
	成都久久艳阳文化传播有限公司	—	

续表

所在区域	企业名称	展馆面积/m²	数量/家
青羊区	成都宝真美术馆	350	31
	成都两河木雕艺术博物馆	—	
	成都怀古堂美术馆	4 000	
	创术画廊	300	
	佳艺画廊	300	
	景丽画廊	280	
	友艺阁精品画廊	540	
	德堡艺术馆	375	
	艺缘斋	320	
	云之路艺苑	2 100	
	相艺术	—	
	九方绘艺术馆	100	
	四川长江画院	500	
	双齐楼画廊	200	
	英诺威画廊	320	
	成都风雅阁画廊	150	
武侯区	成都宽云文化传播有限责任公司	1 100	
	大观艺术馆	500	
	成都名堂股权投资基金管理有限公司	—	
	天成当代艺术机构	—	
	中国美网	460	
	四川省博弈文化艺术有限公司	2 000	
	成都世茂嘉美术馆	1 900	
	成都空港拾号文化传播有限公司	—	
	成都润艺文化传媒有限责任公司	—	
	四川蜀山画院	400	
	成都御翠草堂文化艺术传播有限公司	—	
	泰艺术中心	—	

续表

所在区域	企业名称	展馆面积/m^2	数量/家
武侯区	上艺行画廊		17
	映月·黎日艺术中心	1 000	
	巴蜀艺术中心		
	淡悦美术	500	
	蓉社	600	
高新区	成都文轩美术馆	3 500	
	摩空精舍	500	
	成都千高原文化艺术有限公司	600	
	K空间	350	
	国雅亭文化传播成都有限公司	200	
	四川耽拙堂文化传播有限公司	110	
	成都高新区凯空间画廊	340	
	成都艺家文化艺术有限公司	1 200	
	四川永和文化艺术有限公司	140	
	久久弋曙科技有限公司	300	
	成都市艺术品经营行业协会	230	
	成都艺汇网络科技有限公司	132	
	成都非马美术馆有限公司	1 700	
	四川华证美术馆有限公司	800	
	成都和德儒玉器艺术博物馆	900	
	大为美术馆	1 000	
	了了艺术传播机构(了了阁画廊)	170	
	成都那特文化传播有限公司	500	
	三和艺术馆	1 100	
	春风艺鲤	200	
	像素艺术空间	540	
	雅斐画廊	600	
	成都当代美术馆	7 500	

续表

所在区域	企业名称	展馆面积/m^2	数量/家
高新区	首尔迪文化艺术中心	200	29
	成都世茂嘉美术馆	505	
	东方绘画艺术院	2 000	
	E·形空间	1 000	
	纽芬艺术空间	45	
	尚文文化	600	
成华区	四川苏富比文化传播有限公司	1 500	17
	艺库画室	134	
	维多利亚时光艺术空间	200	
	第三大街艺术机构	200	
	二十四城画廊	1 080	
	知秋堂画廊	300	
	成都八益艺术画廊	436	
	成都新雅风画廊有限公司	660	
	艺谷美术馆	—	
	成都喜善堂文化传播有限公司	—	
	成都天仁石刻艺术博物馆	1 200	
	藏龙阁	200	
	浩瀚艺术空间	500	
	四川当代油画院	450	
	四川尚瀚岩彩重彩画院	303	
	涅瓦油画馆	240	
	英盟当代艺术馆	180	
双流区	浓园国际艺术村	7 000	
	邓奂彰艺术研究会	145	
	红墙美术馆	—	
	成都市立云陶瓷博物馆	540	
	万华·A4 当代艺术中心	1 200	

续表

所在区域	企业名称	展馆面积/m²	数量/家
双流区	新门道当代艺术	300	9
	真璞居	500	
	云天路雅画廊	300	
	凌文艺术馆	70	
温江区	温江神墨书画	120	4
	成都市温江区西蜀翰墨书画院	60	
	温江益书苑书画艺术工作室	320	
	西南艺术空间	210	
天府新区	麓湖·A4美术馆	3 500	3
	麓山美术馆	—	
	成都市天府新区潜溪书画院	400	
青白江区	青白江聚雅阁书画社	—	1
郫都区	郫县品文字画	—	2
	成都市郫都区益园民俗博物馆	1 200	
龙泉驿区	梵木创艺区	7 200	8
	龙泉驿区龙泉街办青艺画廊	—	
	成都齐盛当代艺术博物馆	10 000	
	英盟当代艺术馆	—	
	巢艺术中心	840	
	东山锦艺画廊	400	
	陈氏画廊	230	
	四面空间	1 000	
新都区	成都万僧愿博物馆有限公司	430	1
崇州市	四川省无根山房书画艺术研究院	310	2
	崇州市崇阳香柏艺术绘画工作室	200	
都江堰市	都江堰江南忆美术馆	—	2
	成都皮影艺术博物馆	1 200	
金堂县	金堂县梨花沟红土地美术馆	700	1

续表

所在区域	企业名称	展馆面积/m^2	数量/家
彭州市	成都市大点金彩画艺术院	210	1
邛崃市	成都市三人行美术馆有限公司	300	1
新津县	成都花样年知美术馆	320	7
	成都市新津文博心香美术馆	440	
	成都文宝轩博物馆	1 000	
	成都新岳艺术博物馆	460	
	成都市九百村奇石根雕博物馆	540	
	高地艺术馆	400	
	兴义美术馆	2 000	

数据来源：画廊协会及企业官网数据，排序不分先后

调研中发现，成都艺术品市场发展与全国艺术市场基本同步，自 2015 上半年开始进入衰退调整期。特别是一级市场经营难度加大，画廊机构经营困难，普遍出现裁员现象，个别大型画廊机构甚至从原来的 60 多名员工裁至 2018 年的 8 名，成都画廊目前仍处于低位运营。

2.拍卖公司

根据雅昌统计数据和个别企业提供的修正数据，截止到 2018 年 11 月底，成都共有从事艺术品拍卖的机构 31 家，其中青羊区 19 家、高新区 4 家、锦江区和武侯区各 3 家、金牛区 2 家，见表 5。艺术品拍卖市场累计成交量 20.63 亿元，上拍艺术品 41 458 件。其中拍卖量最高的前 6 家机构分别为四川八益、四川德轩、成都金沙、四川和德儒、诗婢家、四川嘉禾，6 家成交金额为 15.92 亿元，占总成交量的 77.17%，成都拍卖市场的集中度较高。见表 6。

表 5　成都市拍卖公司

所在区域	企业名称	数量
锦江区	四川汉安宏业拍卖有限公司	3
	四川梦虎拍卖有限责任公司	
	四川宝墩拍卖有限公司	
青羊区	成都诗婢家拍卖有限责任公司	19
	四川嘉诚拍卖有限公司	
	四川嘉禾国际拍卖有限公司	
	成都书画玩家拍卖有限责任公司	
	四川省嘉士利拍卖有限公司	
	四川德轩拍卖有限责任公司	
	四川省万星拍卖有限公司	
	四川嘉宝拍卖有限公司	
	四川重华拍卖有限公司	
	四川君庭拍卖有限公司	
	四川泽川拍卖有限公司	
	四川联拍拍卖有限公司	
	四川翰雅拍卖有限公司	
	四川尔雅藏珍艺术品拍卖有限公司	
	四川文盛轩拍卖有限公司	
	四川灏瀚拍卖有限责任公司	
	四川川鑫拍卖有限公司	
	四川德葆拍卖有限公司	
	四川华艺	
武侯区	成都八益拍卖有限公司	3
	四川东方拍卖有限责任公司	
	成都古韵佳拍艺术品拍卖有限公司	

续表

所在区域	企业名称	数量
高新区	四川和德儒艺术品拍卖有限公司	4
	四川省首尔迪拍卖有限公司	
	成都大美时代文化艺术有限公司	
	崇古尚珍	
金牛区	成都市金沙拍卖有限公司	2
	四川盛源拍卖有限责任公司	

资料来源：根据 AMMA 数据整理。

表6　成都艺术品拍卖市场统计数据

拍卖行名称	拍卖会	拍卖专场	拍品数量/件	成交金额/万元
诗婢家	12	22	8 000	12 000
四川嘉诚	4	5	1 260	4 058
成都金沙	1	3	730	16 764
汉安宏业	1	2	633	5 533
四川嘉禾	4	5	1 521	7 507
书画玩家	2	4	471	2 935
四川华艺	1	1	576	—
四川盛源	1	1	321	—
八益拍卖	17	68	7 233	60 201
四川嘉士利	4	6	1 301	980
梦虎拍卖	1	1	108	—
四川德轩	11	43	4 124	48 788
四川万星	13	25	3 673	6 366
四川东方	1	1	336	1 022
四川重华	8	20	1 360	7 467
四川嘉宝	5	10	2 015	3 971
四川首尔迪	5	11	798	2 459
四川泽川	1	2	492	113

续表

拍卖行名称	拍卖会	拍卖专场	拍品数量/件	成交金额/万元
四川联拍	1	2	440	—
四川翰雅	6	7	1 795	459
四川宝墩	2	2	84	412
四川君庭	4	6	939	7 092
大美时代	1	1	262	—
古韵佳拍	1	1	44	—
崇古尚珍	2	2	68	—
尔雅藏珍	2	3	144	14
文盛轩	1	2	200	3 149
四川灏瀚	3	4	1 225	—
四川川鑫	1	1	387	—
四川和德儒	1	3	603	13 874
四川德葆	1	2	315	1 156

数据来源:根据 AMMA 数据整理

根据四川省拍卖协会数据,2017 年成都共举办艺术品拍卖 23 场,成交 1.98 亿元,与 2016 年同期的成交额 5 200 万元相比增长 1.81 倍,全市艺术品拍卖市场格局呈现一定的回暖趋势。但调研中据业内人士估计,目前正常维持运营的艺术品拍卖公司数量不足 10 家,很大一部分拍卖公司处于为维持资质而低成本运营的状态。

(三)艺术聚集区

成都主城区及周边地区已经基本形成了 10 个较为集中的艺术聚集区,初步具备艺术集聚效应。区域分布较为合理,能够一定程度满足艺术家的发展与交流需求。见表 7。

表7 成都主要艺术聚集区

序号	聚集区名称	所属区域
1	成都蓝顶艺术聚集区	锦江区
2	东湖公园公共艺术空间	
3	成都浓园国际艺术村	武侯区
4	成都名堂青年文化创意中心	青羊区
5	成都西村	
6	成都送仙桥市场	
7	东郊记忆	成华区
8	洛带艺术仓库	龙泉驿区
9	梵木创艺区	
10	成都蒲江明月村	蒲江县

数据来源:根据调研整理

艺术聚集群落中,成都送仙桥作为全国知名的艺术品交易市场和艺术聚集群落,在辉煌时期曾创下年交易额2亿多元的纪录,成功获得"全国十大古玩城第二名"的荣誉。当前,送仙桥市场持续经营的书画类店铺不到100家,其中经营中国传统字画和装裱类最多,占70%。但是由于市场环境变化和自身发展程度较低,送仙桥未能及时完成发展升级,自2014年以来,市场交易呈现出逐年下降趋势。

4.独立策展人和评论家

独立策展人和评论家对成都艺术市场的生态构建具有重要影响。成都市各类艺术品活动中的策展人主要是来自区域内高校的研究者或者艺术品企业的经营者,缺乏专业的独立策展人,没有形成完善的策展人进出机制。评论家初具规模,对成都艺术市场的发展起到了积极的推进作用。见表8。

表 8 成都主要策展人和评论家

策展人	彭彤、吴永强、何桂彦、丁奋起、梁克刚、王林、邱伟、蓝庆伟、屈波、司马列东、潘黎冰、陈默、冯石、张嘉平、张弛洋、蔡家骏、赵文溱、朱朱、吴蔚、王澈、郭小辉、廖上飞、石玉玲、石维贾方舟、余庆、昝文娟、雁西、那日松、黄山、白郎
评论家	黄宗贤、彭彤、吕澎、王林、鲁明军、何桂彦、汪帅、蓝庆伟、丁奋起、王娅蕾、黄效融、叶彩宝、陈伟静

数据来源：成都画廊协会、《四川省艺术品市场年度报告》。

（三）重点事件

2018 年，成都艺术品市场重点事件见表 9。

表 9 2018 年成都艺术品市场重点事件

时间	事 件	影 响
2018 年 1 月 19 日	成都文化产权交易所书画艺术品交易中心恢复书画艺术品交易	对书画艺术品交易系统进行升级改造，保障书画艺术品交易市场的健康发展
2018 年 1 月 27 日	周春芽和方力钧首度联手在 K 空间举办画展	周春芽、方力钧两位中国当代艺术的领军人物在语言风格上有很大的不同，但作品都是对中国社会问题的热切关注。成都龙泉山的桃花，成为周春芽绘画艺术中用之不尽的灵感源泉，是他与世界艺术对话的当之无愧的绘画代表作之一
2018 年 1 月 29 日	四川首届乡村艺术大展	本次展览是我省首次也是全国首次围绕党的十九大提出的“实施乡村振兴战略”举办的以“乡村振兴·艺术圆梦”为主题的专题性艺术大展
2018 年 2 月 23 日	成都发布《文创计划》	《文创计划》将按照“一年全面启动、三年跨越发展、五年基本建成”的总体要求，通过 5 年努力，推动成都文化事业和文创产业发展水平进入全国第一方阵，形成人文魅力享誉世界、文化人才充分汇聚、文创产业实力突出、精品力作不断涌现、创新创造活力强劲的发展新格局，全面实现全国重要的文创中心功能，扩大世界文化名城影响力

续表

时间	事　件	影　响
2018 年 3 月 23 日	何多苓美术馆开馆	何多苓美术馆主要是为推动本土青年艺术家提供平台,以推动本土艺术,提升全民的公共文化美学教育为基础,为公众提供欣赏艺术的机会,展示艺术研究方面的学术成果
2018 年 4 月 26 日	Art Chengdu 国际当代艺术博览会	首届 Art Chengdu 邀请全球 31 家画廊机构参展。Art Chengdu 致力于成为亚洲乃至全球具有代表性的精品艺术博览会之一,以优质的服务和严格的标准打造艺术博览会新体验,积极建立具有国际影响力和专业度的文化艺术展示、传播和交易平台及品牌。Art Chengdu 让更多人走进成都,了解成都,爱上成都。以艺术博览会集大成者的姿态,推动中国中西部地区艺术文化生态建设,展现成都的当代艺术新形象
2018 年 4 月 28 日	成都八益 2018 春季艺术品拍卖会开拍	作为成都拍卖市场的代表性机构,本次举办的拍卖会分为两个专场:中国书画精品专场、瓷器工艺品专场。10 月 27 日继续举行了秋季艺术品拍卖会
2018 年 5 月 22 日	离别近 60 年,张大千《双清图》在成都首次曝光	一代大师张大千的传世作品,近一个甲子的辗转漂泊,展现了东西方文化交流与碰撞
2018 年 7 月 13 日	诗婢家斯文在兹郭强百铭百刻百砚展	端砚居中国四大名砚之首,在艺术品收藏市场广受追捧。100 方砚台独立创作,配之具有文学价值的砚铭,让更多的人群能够接触到砚文化,认识砚文化,进而深入了解传统文化。展销期间,70%以上的作品售出
2018 年 9 月 14 日	成都 Parcours 艺术节暨第二届全球风格论坛	以“城市印记·艺动双城”为主题,成都 IFS 首次将源自巴黎左岸的圣日耳曼 Parcours 艺术节带到成都。而全球风格论坛则以“有艺先行”为主题,就城市公共空间与艺术的关系思考发表演讲,并以艺术为契机,探讨城市的过去、当下与未来,从公民审美的角度出发,思考并探索城市生存境况
2018 年 10 月 14 日	铜浮雕版画艺术品鉴展	这是成都乃至国内首次以名家名作的铜浮雕版画为主体的艺术展览,更是首次艺术创作、衍生转化与产业完整结合的商业探索

续表

时间	事　　件	影　　响
2018 年 10 月 28 日	天府百年美术文献展	在大观美术馆举行的天府百年美术文献展，是新中国成立以来第一次对天府美术进行的有意义的梳理与总结，也是对天府未来美术有益的前瞻与展望，这次文献展对于推进成都世界文化名城的建设有着十分重大的意义
2018 年 11 月 2 日	成都・蓬皮杜："全球都市"国际艺术双年展	本届双年展以"延展智慧"为主题，在既有研究基础上，关注快速的技术变革给现代社会带来的冲击与影响，关注城乡空间关系，深入探讨数字经济和其他技术文化转型相关的社会与生态影响、科技与公共空间等议题，并对如何利用智能技术和生态智能来推动社会发展展开想象。这是蓬皮杜国家艺术文化中心作为全球重要艺术机构首次在中国城市进行"在地"策展实践，既是对于探索走出美术馆、去艺术中心化的展览实践，也是对成都作为国际城市发展潜力的证明，对成都打造"三城三都"城市品牌和传播天府文化具有深远影响
2018 年 11 月 22 日	恢宏改革画卷・见证巴蜀巨变——四川省文联纪念改革开放 40 年文艺特展	此次展览共分为"改革的力量、田野的希望、奋斗的足迹、文化的探索、生活的浪潮、城市的变奏、创造的气象、开放的姿态、光阴的故事"等九大主题单元，既浓墨重彩地勾勒出 40 年来四川文艺的发展之路、繁荣之景，也面向时代、面向大众对改革开放这一宏大主题进行了生动而全方位的展示
2018 年 12 月 23 日	"艺起・艺藏"2018 成都画廊协会年度艺术机构提名展	作为一次新的尝试，由成都画廊协会组织牵头，艺术机构提名推荐艺术家，把艺术机构、艺术家、收藏家和消费者联动起来，共同促进艺术市场的活跃，营造良好的艺术环境。本次展览形式对推广艺术家和吸引收藏家是一次积极的尝试和探索，体现了协会存在的价值与意义。17 家会员 150 余件作品参展
2018 年 12 月 26 日	华夏艺术网成立 20 周年	华夏艺术网 1998 年在成都开通。建立之初，正值互联网在中国刚刚起步，华夏艺术网即致力于网上信息交换、商务交换的技术开发和市场探索，推出了艺术品网上交易系统，并通过宣传活动提高了中国和成都艺术品在海内外的知名度和影响力

三、成都市艺术品市场发展评估

(一)样本企业及其竞争力

企业竞争力是指在竞争性的市场中,一个企业所具有的能够比其他企业更有效地向市场提供产品和服务,并获得赢利和自身发展的综合素质。本研究综合运用企业竞争力的评价方法,对当前成都市场具有代表性的艺术品经营企业(机构)进行竞争力的分析。通过市场调研及与核心从业人员访谈,综合2018年的经营情况和市场活跃度,以诗婢家、文轩美术馆、大观美术馆、岁月艺术馆、许燎源现代艺术设计博物馆、浓园国际艺术村、蓝顶艺术区、八益拍卖、成都画廊协会、成都文化产权交易所等作为研究对象。

1.诗婢家美术馆

诗婢家是一个具备悠久历史的文化品牌。目前企业经营范围包括画院、美术馆、拍卖公司及相关文化衍生产业。诗婢家同时也是成都画廊协会的会长单位。

(1)品牌识别度高

诗婢家是驰名中外的文化老字号,创办于1920年,早期从事装裱,已有百年历史。其名源于《世说新语》中东汉大儒郑玄家婢女皆精通诗书之典故。创立之初,以“五老七贤”为尊的蜀中文人、丹青圣手常聚此品古鉴今、诗画唱和,使诗婢家成为当时文人雅集之地。

(2)文化底蕴深厚

抗战时期,张大千、齐白石、徐悲鸿、黄宾虹、黄君璧、丰子恺、谢无量等名家纷纷入蜀,诗婢家精致之装裱、精良之笔墨均受青睐,大师们皆倚重诗婢家,为诗婢家常客。诗婢家的木刻水印诗笺粉本即多出自当时名家之手,谢无量称其“精镌笺谱,深得古意,大雅君子当有取焉”,赞誉颇多。战时交通阻断,宣纸紧缺,张大千便与诗婢家店主一起赴夹江研究造纸技艺,开发出“大千书画纸”,纸质上乘,享誉海内外。此时的诗婢家逐渐开始成为巴蜀文化与全国文化交融发展的舞台,大师们纷纷将诗婢家与荣宝斋、朵云轩、杨柳青并提,称之为四大文化老字号。

(3)产业链覆盖面广

2005 年,诗婢家美术馆开馆;2013 年,诗婢家画院正式挂牌。诗婢家画院的创办,旨在立足本土,推广和发展新时代四川画派的中青年画家。诗婢家目前画院版块包含了对艺术家的培养和合作机制,保证了企业自身具备上游的艺术家和艺术品资源,具备独立的资源筹措能力。同时,美术馆版块依托于画院优势,承担着企业艺术品征集、艺术展、场馆租赁、收藏和国内艺术品送展、送拍等多类业务。拍卖行则具备艺术品的拍卖资质,定期举行艺术品的拍卖活动,在当前艺术行业低迷时期,仍然活跃在成都艺术市场。艺术衍生品及文创产品的开发与销售,目前也是诗婢家拓展产业链的重要方向。

(4)品牌效益溢出

坐落在成都琴台故径和少巷子两处的诗婢家,以其斗拱飞檐的古朴建筑、周到细致的专业服务,已成为成都艺术新地标、四川文化新名片,不仅吸引着广大艺术爱好者,同时也是当前成都文化旅游的新热点。

2.许燎源现代设计艺术博物馆

2007 年正式对外开放,是全国首家设计艺术类私人博物馆,以著名设计艺术家许燎源先生的名字命名。博物馆占地面积约 23 亩,建筑面积近 9 000m^2。经过 10 年的展览、探索与创新,许燎源现代设计艺术博物馆已从单纯的展览,成功转型为集参观游览、设计开发、学术研究、艺术品销售、休闲娱乐于一身的综合性艺术创想体验中心。

(1)注重艺术 IP 的打造

许燎源作为著名设计艺术家,其自身注重艺术思想的创造和艺术作品的创新。其提出的物感主义和形成的独特艺术风格,已具备较强的知名度,并形成识别度较高的艺术 IP。

(2)注重特色产品线的开发

许燎源博物馆的经营产品主要是以许燎源的艺术设计为核心的艺术产业链的开发与经营,包括设计、展览、销售等,而艺术产品则包括包装设计、不锈钢装置艺术品、陶瓷艺术品、雕塑、概念家具、意识流水墨画、青铜雕塑及物感主义综合艺术等多种类型。

(3)注重艺术人才梯队培养

许燎源自身艺术家的身份与素养,使得许燎源博物馆具备“师徒”式的艺术人才培养优势。最近两年来,许燎源博物馆每年会定期举办艺术设计人才的培训班,并对这些青年艺术人才进行后期的培养和推荐,这将为企业未来发展积累优秀的艺术人才和艺术资源。

3.大观美术馆

大观美术馆成立于2015年,坐落于成都市新世纪环球中心,占地面积4 280 m^2,其中艺术展示区面积1 670 m^2,户外休闲交流平台2 610 m^2。大观美术馆属于成都艺术市场新锐,除具备收藏、展示、艺术品交易等常规性的画廊职能外,其更加注重消费者的休闲体验,注重艺术学术交流,为画廊的发展提供了区别于其他机构的重要元素,增强了同业的差别性和辨识度,增强了竞争力。

(1)注重文化发掘与学术研讨

大观美术馆旨在搭建当代优秀艺术家与艺术爱好者的沟通桥梁,呈现绘画艺术所体现的当代人文精神,为有创新的艺术家提供展示自己的空间。在展示艺术品的同时,定期举办艺术类相关的学术研讨、品鉴等,让参观者对艺术有更为系统的、近距离的了解和体验。其先后承办的天府百年美术文献展和“艺起·艺藏”2018成都画廊协会年度艺术机构提名展令业内瞩目。

(2)艺术定位明确

艺术展示大厅是大观美术馆的核心,面积500余 m^2,主要以当代油画名家和新锐艺术家作品为主。现已展示何多苓、周春芽、高小华、刘虹、丁红卫、王子奇、付念屏、吴浩、邓旭、张继渝、廖新松、曾朴、姚磊等名家的作品100余幅。

(3)注重艺术衍生价值的开发

大观美术馆的户外休闲交流区提供了各类茶品、咖啡、红酒等休闲服务。馆内另设有红酒坊、会议室、专业工夫茶房,提供商务晚宴、商务会议、生日宴会、新闻发布会、品酒、藏酒等服务。

4.文轩美术馆

文轩美术馆由新华文轩出版传媒股份有限公司创建，是四川省首批重点文化企业的旗舰企业。美术馆位于四川成都高新区新国际会展中心内，是一幢三层面积达5 000 m^2 的现代感十足的多边形独立建筑。美术馆总面积5 000 m^2，展厅3 500 m^2，艺术会所620 m^2，艺术藏品240 m^2，艺术品商店150 m^2，影像厅40 m^2。美术馆门外还有上千平方米的广场，可放置大型雕塑和举办各类艺术活动。

(1)注重文化交流

2011年文轩美术馆开馆至今，一直致力于积极参与并推动中国主流文化及中国当代艺术为重点的文化建设与传播，旨在建立中国西部最有影响力的文化艺术交流展示平台。通过文化艺术展览、艺术品鉴、讲座、学术交流等活动，以及跨界合作等多种形式，推进了艺术家、艺术机构、艺术活动的良性互动。

(2)国际化发展

文轩美术馆注重国际交流，为实现更大范围的社会文化推行和优质服务，文轩美术馆旗下专设经营国内外艺术品的画廊和艺术品商店。为国际国内的机构和收藏家提供艺术品存管服务，已成为国际文化名人和业内人士经常到访的聚集之地。

(3)推动衍生产品开发

文轩美术馆注重艺术衍生品、衍生业务的开发与商业化运作。其艺术商店有雕塑、版画、各种艺术衍生品等近100种商品，力图将各国设计师、艺术家的作品和产品融入生活，让艺术更好地改变生活。

5.岁月艺术馆

岁月艺术馆位于成都市锦江区，2010年由成都商报社与上市公司成都博瑞传播股份有限公司共同发起设立，是一家经营和推广国内外优秀艺术家及艺术作品的全新专业化艺术机构。艺术馆拥有3 000 m^2 极具现代设计感的展示空间，主要承办来自国内外当代高端艺术品的展览展示，并持续关注国内外当代艺术的发展动态。

(1)名家荟萃

岁月艺术馆注重艺术家的合作与打造,当前有合作艺术家24名,代理作品艺术家31名,均为国内有影响力的艺术家。岁月艺术馆常年对艺术家的艺术作品进行展示,定期、不定期举办各种主题艺术展览,同时注重二级市场与博览会的送拍、送展。

(2)艺术市场定位高端

岁月艺术馆秉承“品质、多元、诚信、规范”的经营理念,以“典藏艺术,品享人生”为宗旨,为中高端人士打造艺术品交流、品鉴、交易的高端平台,并为私人艺术藏品提供展览交流的贵宾专属服务。

6.蓝顶艺术区

2003年,由著名艺术家周春芽、郭伟、赵能智、杨冕发起成立蓝顶艺术中心,迅速聚集了50名当代艺术家形成蓝顶艺术群落。2004年,在政府的引导下蓝顶艺术区向东迁移,“成都蓝顶当代艺术基地”项目正式启动。2009年,首期14名艺术家进驻“新蓝顶”。2010年,蓝顶青年艺术村开村,首期20名青年艺术家租赁入驻。2016年,蓝顶三期“最后的工作室”全面竣工。

(1)艺术集聚效应已形成

目前,蓝顶的影响力、凝聚力逐渐放大,已成为中国当代著名的艺术群落。这个以艺术家为主、涵盖建筑设计、平面设计、数字动漫等各方创意人士和机构的群体,已达300余人。

(2)具备较高国内知名度

成都蓝顶艺术节的诞生源于蓝顶艺术聚落10余年的发展、成熟与壮大。成都蓝顶艺术节的规模、规格得到了本地政府的重视和支持,成为成都市重点支持打造的文化节会品牌,引发了全国艺术爱好者的兴趣及媒体关注。

7.浓园国际艺术村

成立于2005年,目前拥有浓园国际艺术村A区、B区和天艺浓园艺术生活体验馆三个主题园区。2009年被四川省文化厅命名为“四川省文化产业示范基地”,2012年被四川省人民政府列为首批“四川省重点文化旗舰企业”,2013年被评为“中国创意产业最佳园区”。目前已成为四川众多艺术家的创作家园和精神家园，也是成都市民休闲娱乐的出游目的地。

(1)包容性强

浓园艺术村聚集了不同门类的200余名油画、雕塑、书画和摄影艺术家，有超过200名艺术家在此建立工作室及私人美术馆，其中不乏国内外有影响的艺术大师。也吸引了中国国家画院四川创作基地、中国美术家协会巴蜀创作中心落户。

(2)注重新兴艺术家的培养和引进

除了艺术大师，浓园展会上也会有很多年轻艺术家的作品出现。通过这样一个平台，能够为崭露头角的新一代艺术家提供更多的机会，让更多的人能够接触到他们的作品。

(3)形成特色的经营模式

经过多年的发展，浓园摸索出了自己的经营模式，形成了艺术创作、艺术鉴赏、艺术交流、艺术品拍卖、艺术培养、艺术旅游服务等为一体的文化创意产业集群。

8.成都八益拍卖公司

成都八益拍卖是成都地区一家老牌的艺术品拍卖企业，在艺术拍卖行业改革之前，是四川省仅有的具备艺术品拍卖一级资质的两家企业之一，也是当前成都艺术市场最为活跃的艺术品拍卖企业。

(1)产业链覆盖较为全面

目前企业经营范围覆盖拍卖、博物馆、文化公司等板块，分别从事艺术品的征集、收藏、经营、投资、拍卖等交易链的各个环节。

(2)具备区域影响力

在艺术品拍卖领域，公司以其多年积累的市场资源和品牌影响力，在当前艺术品市场低谷时期，仍然保持着不错的业绩，其产品线覆盖着艺术市场的全部领域。其中第一大类为书画艺术品，占到全年拍卖产品的50%以上，这其中又以近现代的中国书画为主，占到了这个板块的80%以上。排在第二大类的是综合类，即瓷器、佛像、杂项等。八益拍卖经过多年的沉淀，在成都及四川地区具备了市场影响力，是当前成都艺术品二级市场的最典型代表。

9.成都画廊协会

成都画廊协会成立于2015年5月，由成都行政区内的40余家画廊单位及艺术品经营机构自愿组成。它是为响应2014年政府工作报告提出的重点培育和优先发展行业协会，加快"文化之都"建设，为更好地推广"成都画派"，规范成都画廊行业秩序的一个非营利性团体。

(1)区域影响力强

成都画廊协会是目前成都乃至四川地区艺术品市场最有代表性的专业协会，会员单位几乎囊括了成都地区艺术品行业最具代表性的画廊机构。目前，画廊协会已从成立之初的40余家会员单位，发展到62家会员单位。

(2)行业促进效应显现

画廊协会的组织和运行，便利了成都地区一级市场的资源组织与交流，促进了艺术家与画廊机构之间的沟通与交流，对于提升成都地区画廊机构的影响力，规范画廊市场的运行机制，活跃艺术品行业一级市场的流通性，起到了积极作用。连续两年举办的"艺起 · 艺藏"成都画廊协会年度展已产生越来越广泛的影响。

10.成都文化产权交易所

成都文化产权交易所(成都版权交易中心)是经政府批准设立的，西部第一、全国第三，集文化产权交易、投融资服务、文化企业孵化、文化产业信息发布于一体的专业化综合性服务平台。

(1)业务覆盖范围广

成都文化产权交易所采用政府引导、市场化运作方式，遵循"公开、公平、公正、规范"的原则，以文化物权、债权、股权、知识产权等各类文化产权为交易对象，依法开展政策咨询、信息发布、产权交易、项目推介、投资引导、项目融资、权益评估、并购策划等服务，为各类文化产权流转提供交易平台及专业服务，建设集文化产权交易、投融资服务、文化企业孵化、文化产业信息交流和人才培训为一体的综合服务平台，构建中国西部综合性的文化产业要素市场。

(2)提供书画艺术品交易平台

2018 年 1 月,成都文化产权交易所书画艺术品交易中心恢复书画艺术品交易。经过书画艺术品交易系统的升级改造,将更好地保障成都和中国西部书画艺术品交易市场的健康发展。

(二)企业发展信心指数

1.数据模型

信心指数是某一相关领域的群体对该领域发展形势的看法和预期的综合。信心指数构建的基本思路是现状指数和预期指数加权法模型:信心指数=现状信心指数×权重+预期信心指数×权重。在艺术品行业企业信心指数问卷设计中,我们将企业现状信心指数和企业预期信心指数分为以下三个板块进行问卷设计与数据收集:①企业经营管理信心指数,该指数主要是对企业经营管理现状及未来的评价和预期。评价项包括企业业务流程上下游因素。②企业融资信心指数,该指数主要是对企业融资现状及未来的评价和预期。评价项包括所在企业和所在行业的融资现状因素。③企业环境信心指数,该指数主要是对企业当前和未来创业环境的评价和预期。评价项主要包括宏观经济、政策和技术等因素。将企业经营管理信心指数、企业融资信心指数、企业环境信心指数等三个方面信心指数进行加权求和,得到综合信心指数。见图 3。

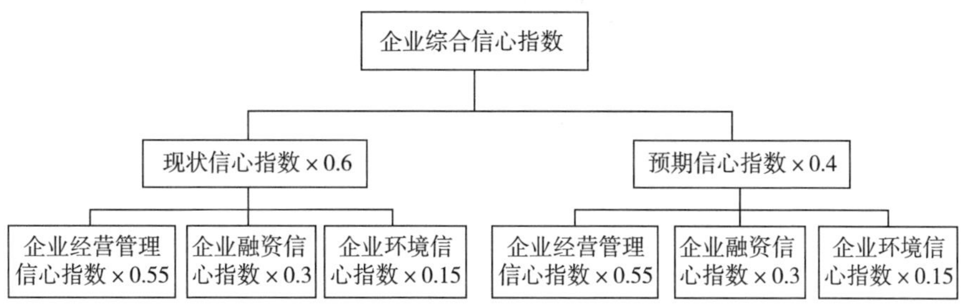

图 3　综合信心指数模型图

2.数据处理

(1)权重处理

采用模糊层次法和德尔菲专家法得出现状指数和预期指数权重分别为 0.6

和 0.4。企业经营管理信心指数、企业融资信心指数、企业环境信心指数三方面权重分别为 0.55、0.3 和 0.15，并经过层次分析法（AHP）计算组合权向量并做组合一致性检验，权重一致性成立。

（2）信心度赋值

采用美国密歇根大学测度消费者信心指数的方法。X_i 的取值为 0～100，当 X_i 为 0 时表示所有人都悲观，当 X_i 为 100 时表示所有人都乐观，50 为基数，也是信心指数临界值。信心指数超过 50 则为乐观，等于 50 则为一般，小于 50 则为悲观。

将问卷中信心度划分五个档次（依次为非常乐观、乐观、一般、悲观和非常悲观），并对每个档次赋值（依次为 100、75、50、25 和 0），然后根据问卷结果中每个评价选项的比例（P_1、P_2、P_3、P_4 和 P_5）进行加权：$X_i = 100 \times P_1 + 75 \times P_2 + 50 \times P_3 + 25 \times P_4 + 0 \times P_5$。

通过艺术品经营场所现场发放问卷、问卷星网络问卷、艺术品行业企业调研发放问卷等形式，共收集到艺术品行业企业发展信心指数有效问卷 145 份。其中，企业所有者占比 4.44%，经营管理者占比 24.44%，员工占比 64.44%，想创业者占比 6.67%。经营管理者、员工占比较大，这些问卷填写者的观点基本能代表当前艺术品企业的管理层和员工信心状态。见图 4。

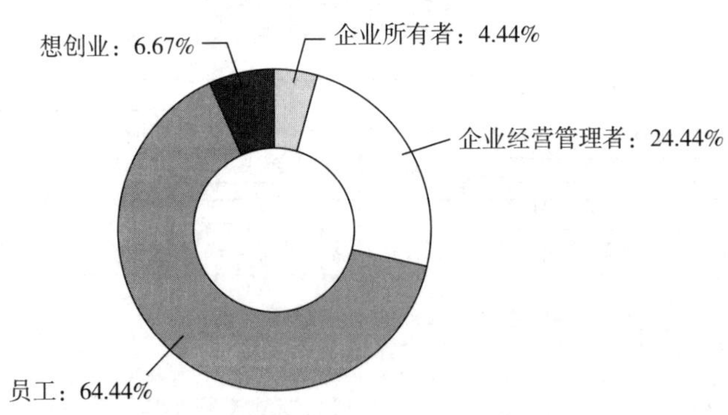

图 4　问卷填写者在企业中扮演角色分布图

数据来源：根据问卷数据整理

3.企业现状信心指数

(1)企业经营管理现状信心指数

企业经营管理现状信心指数通过内容创意(创作、设计等)信心度、生产的产品或服务信心度、产品或服务的销售信心度和公司管理信心度四个问题的调研,用数据建模公式得出企业经营管理现状信心指数为65.83。

(2)企业融资现状信心指数

企业融资现状信心指数通过对本季度融资状况和当年整体融资状况两个问题的调研,用数据建模公式得出企业融资现状信心指数为63.06。

(3)企业环境现状信心指数

企业环境现状信心指数通过对宏观经济运行整体状况、成都市文化产业发展环境、成都市文化产业政策环境三个问题的调研,用数据建模公式得出企业环境现状信心指数为62.41。

(4)企业现状信心指数

根据"企业现状信心指数=企业经营管理现状信心指数×0.55+企业融资现状信心指数×0.3+企业环境现状信心指数×0.15",可得企业现状信心指数为64.49。见图5。

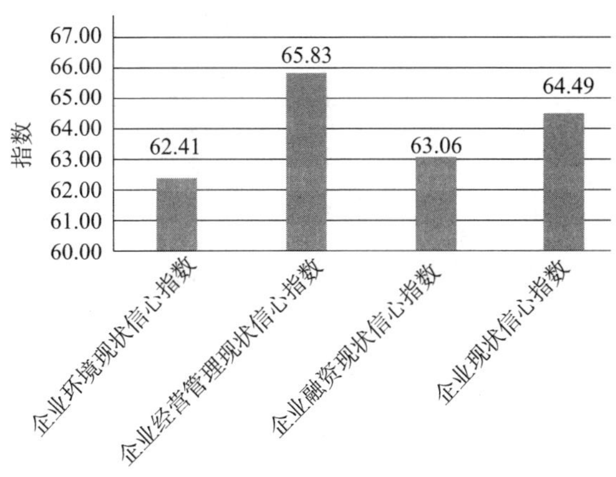

图5　企业现状信心指数图

4.企业预期信心指数

(1)企业经营管理预期信心指数

企业经营管理预期信心指数通过内容创意(创作、设计等)信心度、生产的产品或服务信心度、产品或服务的销售信心度和公司管理信心度四个问题的调研,用数据建模公式得出企业经营管理预期信心指数为66.67。

(2)企业融资预期信心指数

企业融资预期信心指数通过对本季度融资状况和当年整体融资状况两个问题的调研,用数据建模公式得出企业融资预期信心指数为66.67。

(3)企业环境预期信心指数

企业环境预期信心指数通过对宏观经济运行整体状况、成都市文化产业发展环境、成都市文化产业政策环境三个问题的调研,用数据建模公式得出企业环境预期信心指数为64.26。

(4)企业预期信心指数

根据"企业预期信心指数=企业经营管理预期信心指数×0.55+企业融资预期信心指数×0.3+企业环境预期信心指数×0.15",可得企业预期信心指数为66.31。见图6。

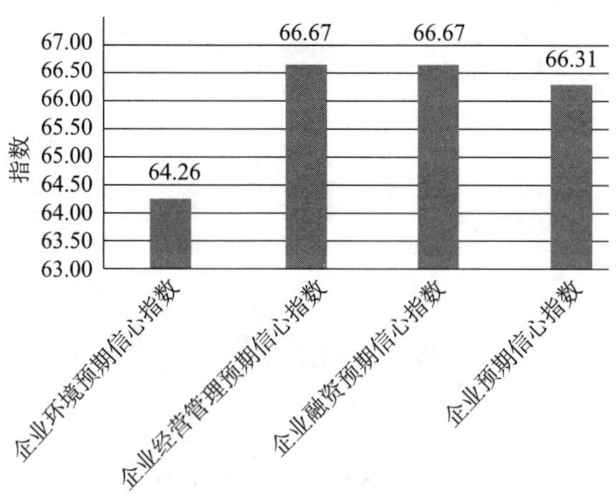

图6　企业预期信心指数图

5.企业综合信心指数与分项指数

(1)企业综合信心指数

根据企业信心指数公式"企业信心指数＝企业现状信心指数×0.6＋企业预期信心指数×0.4",可得企业综合信心指数为65.21。从图36可以看出,成都艺术品企业信心指数高于临界值50,说明当前对艺术品企业的发展持乐观态度。从图7还可以看出,企业预期信心指数的值高于企业综合信心指数和企业现状信心指数,说明在当前经济环境中,艺术品行业企业对未来(下一年度)的发展状态持更加乐观的态度。

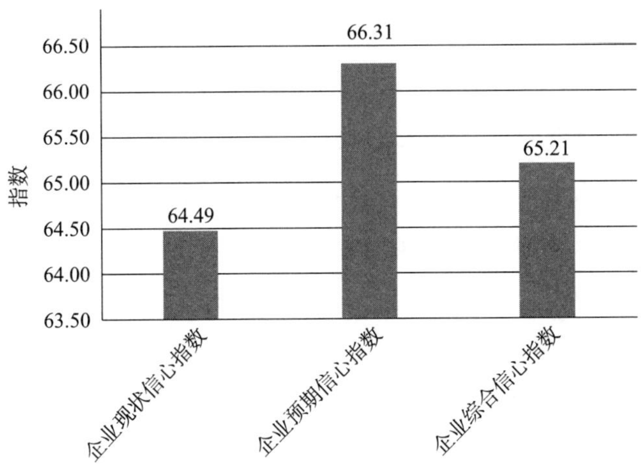

图7　企业综合信心指数图

(2)企业信心指数分项分析

从图8可以看出,艺术品行业企业信心指数各分项指数均高于临界值50。分项来看,艺术品行业企业依然对当前和未来持乐观态度,从各分类指数值的大小来看,企业环境信心指数低于企业融资信心指数和企业经营管理信心指数,说明艺术品行业企业对其环境状况所持的乐观态度相对不足。

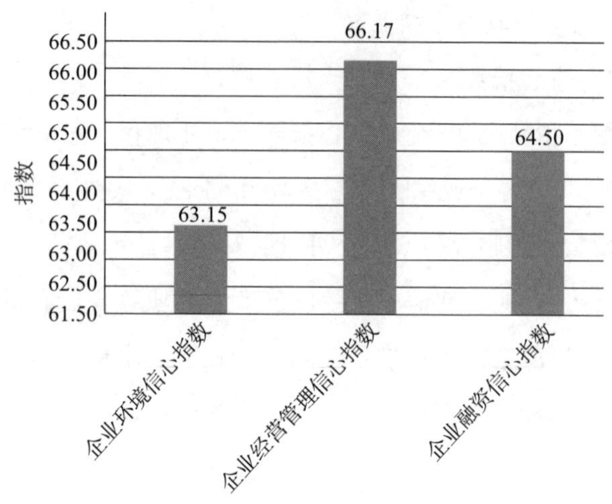

图8　企业分项信心指数

(三)成都艺术品市场政策匹配度

对于政策匹配度评价的方法主要采用“投射一实验后对比分析法”，这一分析方法综合政策实施前后的市场波动综合因素，以政策实施时间为节点，进行政策效果的投射分析，分析政策影响的前后效果。如图9所示，O_1、O_2是根据政策执行前的市场发展状况建立起来的趋向线，A_1是在无政策影响下，趋向线在政策发布后的某一时间点可能的市场情况，而A_2则是政策执行后的真实市场情况，因此A_2-A_1的结果，就是政策产生的效果。这种方式能够考虑非政策因素产生的影响，相比于直接比较政策时间前后的市场数据，结果更加准确。

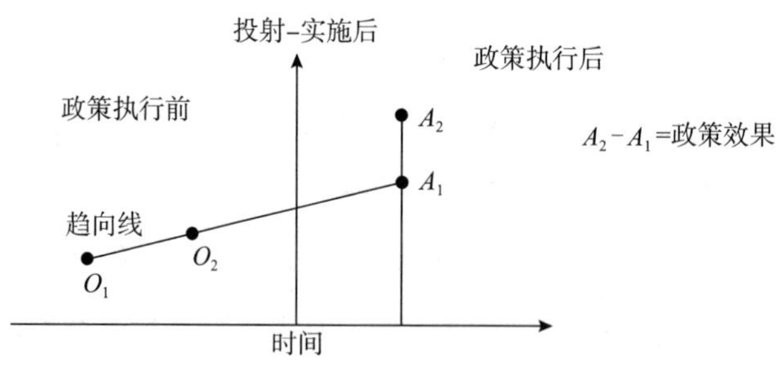

图9　投射一试验后对比分析法

由于成都艺术品市场的专项政策较为缺乏，近年来仅有《成都市文化产业发展“十三五”规划》这一较为重大的政策。该政策针对艺术品市场提出“艺术品原创。重点鼓励和支持原创作品，打造优秀文艺作品的重要原创基地。支持和引导有影响力的文学网站健康发展。引导和激励在蓉作家以及外地作家创作具有天府文化特色的文学艺术作品，鼓励文学评论与文学创作相互促进。支持天府画派创作并产业化发展，支持大熊猫相关主题的文艺创作，不断扩大国内外影响力。发挥国有和民营各类文化创意园区、画廊和艺术品经营、美术会展等市场主体对原创美术的推动作用。发挥文化艺术对当代生活的渗透作用，推进农家乐向艺家乐转型升级”。

运用上述方法，我们分析 2017 年末颁布的政策(《成都市“十三五”文化产业发展规划》)对 2018 年艺术品市场的影响情况。以 2018 年为界，将 2016 年和 2017 年分别以 O_1、O_2 表示，根据 2016 年和 2017 年的数据计算出企业数量与年份之间的相关系数及常数，预测出 2018 年的企业增加数量(以 A_1 表示)，以 2018 年实际注册企业数量(以 A_2 表示)与预测数据的差值体现政策影响力，如表 10 所示。

表 10　投射一试验后对比分析

项目	艺术品企业（企业数）	艺术品一级市场（企业数）	艺术品二级市场（企业数）
2018 年(实际值)	553	545	8
2018 年(预测值)	165	163	2
差值	378	372	6

注：一级市场注册企业涵盖艺术咨询、艺术策划、艺术教育、艺术创意等业务

以上企业数据分析显示，艺术品市场企业注册数量增加十分明显，共增加 378 家，是预测值的 3.35 倍。其中，一级市场超出预测值 372 家，二级市场超出预测值 6 家。通过匹配度分析，对比新增加的企业数量，可以看到《成都市“十三五”文化产业发展规划》对于艺术品市场所产生的带动作用是显著的。

四、总结与建议

(一)成都市艺术品市场发展优势

1.艺术资源丰富

成都历史悠久,文化底蕴深厚,集聚和形成了大量的优秀艺术品和艺术流派。从传统书画、油画、雕塑雕刻到古玩、瓷器、玉器、木器、漆艺等,艺术品类丰富,覆盖面广,数量多。

改革开放以来,成都曾被业内人士称为中国当代艺术第二城,拥有丰富的当代艺术家。出自四川的艺术家以及与四川有关的艺术家数量曾占全国半壁江山,由于区位优势原因,这些资源又主要集中在成都。

2.潜在消费力强

由于悠久的历史传承和深厚的文化底蕴,生活在成都地区的人们具备消费的超前性和对于文化消费的渴求性。据相关统计,成都地区人们对于艺术品、艺术衍生品、时尚产品的消费态度和消费量均处于全国前列。这一潜在的艺术品消费需求,将为未来成都艺术品市场的发展提供强劲动力。

3.艺术创业的活跃度上升

当前成都艺术品市场经营情况整体处于低位运营。画廊、拍卖行及相关艺术中介经营困难,大多处于低成本运营状态。但近一年艺术品相关企业工商注册数量达到近十年成立的艺术品企业的数量总和,这些艺术相关的创业企业主要涉及艺术咨询、艺术策划、艺术教育、艺术创意等艺术品周边业务,将为成都艺术品市场的发展带来新的力量。

(二)成都市艺术品市场存在的主要问题

1.市场有待优化提升

(1)市场整体处于成长初期

成都历史悠久,文化资源丰富,作为艺术大家频出、艺术底蕴深厚的艺术重地,艺术品市场发展却不能匹配。从画廊而言,国际上50%的画廊经营在20年以上,中国画廊经营年限在20年以上的占3%,成都约占2%。从拍卖来看,根据中国拍卖行业协会公布的2017年全国文物艺术品拍卖成交310.52亿元数据,2017年成都文物艺术品拍卖成交额不到全国的1%。

(2)市场交易链亟须升级

成都画廊机构受大环境影响和机构自身发展局限,目前生存境遇堪忧,整体呈现较为窘迫的生存状态。其中一个重要原因是本地画廊同质化现象突出,缺乏特色与创新,尚未形成具有全国影响力和号召力的画廊。

拍卖市场作为艺术品二级市场,是艺术品市场的重要环节,当前成都拍卖企业大多处于低成本运营状态,即为了维持资质,勉力完成年度拍卖任务以保资质。也尚未产生具备全国影响力的拍卖机构,这既与本地的经济水平有关,也与本地艺术市场的发展有关。

成都文化产权交易所拥有较好的文化产权交易、投融资服务、文化企业孵化、文化产业信息发布于一体的专业化综合性服务平台,但受制度影响,其经营现状和发展程度不够理想,尚未充分发挥对艺术市场的服务和带动作用。

2.市场结构不合理

艺术品市场按照其市场产业链,分为一级市场和二级市场,其中一级市场以画廊为主要代表,二级市场主要是指艺术品拍卖机构。按照市场生态链的结构,画廊是联系画家与市场的第一站,也是大多数艺术家艺术品进入市场的最主要通道,画廊担负着艺术市场的发掘与培育工作,在艺术品生态链中有着举足轻重的作用。拍卖行作为艺术市场的二级市场,是艺术品及艺术家具备一定社会和市场认可度后方能进入的市场,是艺术品流通和升值的重要通道。一般而言,西方艺术品交易市场以一级私人销售市场为主、二级拍卖市场为辅,一级市场交易量超过二级市场。但我国艺术品拍卖市场占到了总交易量的70%,成都艺术品市场这一倒挂现象更为严重,问题更为严峻。按照四川拍卖协会和相关机构估计,成都二级市场的交易量占艺术市场总交易额的85%以上。这一市场严重倒挂现象,反映出成都艺术品市场发展的不成熟,一级市场亟待大力培育。

3.市场运行不规范

(1)艺术家与画廊的关系问题

画廊作为艺术品一级市场,是艺术家作品走向艺术市场的第一站,全球绝大多数的艺术家在其职业生涯中,都与画廊及相关机构有着紧密的联系,成都艺术品市场也应如此。但是,调研发现,目前成都艺术家与画廊的关系主要是以松散的合作为主,而不是像国外艺术家与艺术机构以合同签约方式为主。这其中存在者复杂的利益纠纷关系,一个重要原因是缺乏契约精神,致使画廊在签订画家并包装打造后,艺术家个人会存在违约将个人作品通过其他渠道出售,或不顾合约约束与其他机构合作,甚至明显违约等问题。

(2)艺术品市场定价缺乏科学合理参照系

这一问题致使艺术品市场定价体系混乱,这也导致了艺术品市场存在哄抬哄炒,甚至是价格欺诈行为,这不仅伤害了部分收藏家的利益,长远来说,也将影响艺术品市场的发展。

(3)艺术家同类作品价格混乱

由于艺术品定价缺乏科学参照系,同时艺术家和画廊的合作松散,导致艺术品市场存在着艺术家个人,或是艺术家通过亲朋故旧直接参与市场交易。这一问题直接导致了艺术家作品的交易价格存在显著价差,扰乱了艺术品市场的正常运行。

4.艺术品层次不丰富

国外艺术品市场发达的国家和地区,艺术品层次丰富,覆盖到各种消费能力的消费人群,同时,同一艺术家的作品也因为其艺术价值等因素而有较大的价格差距,呈现出多层次的艺术品供应格局。

当前成都艺术品市场存在着产品层次不丰富、中低端艺术品市场产品供应不足等问题,影响了消费的活跃度。与国内当前的艺术环境相同,成都艺术作品普遍面向中高端市场,很多新兴艺术家的字画作品动辄2万~3万元起步,存在着价格虚高现象。

当前成都艺术市场发展还不够健全和规范,艺术品消费市场还有待进一步培育，过高的艺术品定位，将会直接伤害艺术品消费者，令新兴消费者望而却步，阻碍艺术品消费人群的扩大和消费习惯的养成。对于普通艺术品消费者，有着大量的优质艺术品且以非常亲民的价格在市场上流通，这无疑会从另一方面培育和活跃艺术市场的消费和流通。

5.人才流失比较严重

据媒体报道，越来越多的艺术家进京了。由于成都艺术品市场的结构不合理、发展程度低等问题，导致成都艺术人才流失严重。很多当代成名的四川艺术家都不在成都发展，很多知名艺术作品也都是在外地完成交易，这将会影响成都艺术品市场的持续发展。

6.市场消费力不足

(1)宏观经济环境影响

由于受当前世界经济发展不景气与我国深化改革开放等大环境的影响，以及艺术品市场本身运行周期决定，当前全国艺术品市场发展普遍不景气，处于市场的低谷期，成都艺术市场的发展与全国市场发展基本同步。

(2)政策调控影响

国家政策调控，使得艺术品市场原有的公职人员消费群体和企业不再成为艺术品消费主体。这使得原有的艺术品消费人群流失严重，而艺术市场阶段性不景气和成都艺术市场本身存在的问题，导致新兴的消费群体对于艺术品消费和投资的认可度不足，致使目前成都的潜在消费力未能有效激发。

7.艺术市场国际化程度不高

伴随着经济的发展和繁荣，成都当前已经是具备一定国际影响力的国际化都市。但就艺术品市场而言，成都国际化程度还存在不足，特别是本土艺术家和艺术机构走出去，还缺乏国际化的合作，特别是缺乏与国际有影响力的艺术机构与平台的深入合作。

8.政府支持不足

(1)缺乏专项政策支持

当前的成都艺术品市场，缺乏专项的艺术品市场发展指导政策及配套政策。近年来,只有在文化产业"十三五"规划中,提及发展艺术品市场及相关产业。相较于北京、上海、香港等艺术市场发达城市的较为完善的专项政策配套体系,当前成都艺术品市场急需规划、规范、促进等方面的专项政策及配套体系。

(2)扶持重点、方向不明确

虽然相关主管部门对于文化艺术品市场,也涉及一些政策性的扶持,但是总体来说,扶持重点不明显,没有明确的支持重点和扶持方向。

(3)"一臂之距"的作用未得到发挥

国外艺术品成熟市场多会借助专业委员会、行业协会的中间作用,达到政府与市场的有效联系,支撑政府对于市场的指导和规范作用。当前成都艺术品市场中,专业委员会和行业协会的作用尚未充分发挥。

(4)缺乏专项税收政策支持

北京、上海、香港等国内艺术市场发展的一线城市,均有专项的艺术品市场税收政策,对于艺术品交易的税收,这些地区均采取"艺术品交易价+中介机构佣金"全额开票,但仅针对"中介佣金"向艺术品中介机构收取3%~6%税率的税收。而成都一直采取"艺术品交易价+中介机构佣金"全额征税,在税收扶持政策上缺乏竞争力。

(三)成都市艺术品市场发展思路和对策

1.做好市场的引导与组织

(1)重视一级市场发展

当前成都艺术品一、二级市场发展严重倒挂问题,对于艺术市场的持续发展极为不利,这不仅是经济问题,也涉及社会效益。为此,应对成都艺术品市场的生态结构进行合理规划,在当前艺术品市场发展低谷期,注重一级市场的扶持,深入挖掘诗婢家等的历史价值,强化画廊的市场意识,加强画廊的知识产权保护,打造画廊的核心竞争力,做大做强画廊市场,提升成都画廊的国内和国际知名度。

(2)打造二级市场品牌

对于以拍卖行为代表的二级市场，政府在放开拍卖等级限制的大前提下，坚持以市场为导向，同时也需加强政府相关资源的倾斜，增加宣传和信用上的支持。以扩大市场规模为导向，采取优胜劣汰，通过政府管制，提高艺术拍卖市场的准入门槛，控制拍卖企业数量，有倾向的打造重点企业，凸显品牌效应。

2.规范市场的有序发展

(1)加强市场乱象治理

对艺术品市场的重复抵押、价格体系混乱以及艺术家与市场中介机构之间的合作缺乏有效的“契约”约束等问题，属于不符合国家法律法规的市场行为应当予以严厉的治理，对于当前法规尚未完全覆盖的专业领域应进行规范。通过加强行业管理，建立诚信意识，开发和建立成都艺术品市场信用体系，引导艺术品市场健康发展。

(2)发挥成都文化产权交易所作用

成都文化产权交易所是国家赋予西部特别是成都艺术品市场发展的重要平台，为此，应充分发挥成都文化产权交易所的作用，鼓励制度改革和管理创新，努力建设公开、公平、公正的艺术品产权交易平台、投融资服务平台、艺术品企业孵化平台、艺术品行业信息发布平台，有力促进成都艺术品企业与各类资本的有效对接，实现区域艺术资源更优化的配置，为成都和西部艺术品市场发展做出更大贡献。

3.支持中介组织的成长

(1)重视行业协会的作用

历经岁月、诗婢家两任会长单位，成都画廊协会已经形成初步规模。针对当前成都艺术品市场发展不景气、产业链发展程度不高以及市场结构不合理等问题，政府应当重视发挥成都画廊协会的作用，通过资金扶持和政策支持，鼓励画廊协会与社会机构合作，合力打造具有国际影响的成都艺术节品牌、成都艺术展品牌，发挥画廊协会的市场引领作用。

(2)发挥策展人、评论家的作用

艺术品市场的健康发展,离不开优秀的策展人、评论家,为此,应鼓励发展本地专业的独立策展人,鼓励引进国内外优秀的策展人及艺术评论家,激活成都的艺术展览和交流机制,促进区域间艺术品活动互动和市场繁荣。

4.打造成都艺术家荟萃景象

(1)健全艺术家发展通道

艺术人才是艺术品市场发展的根本,也是艺术品市场的起点。作为全国当代艺术的第二城,成都具备得天独厚的艺术资源优势。成都应珍惜这一资源优势,通过大师工作室和名家塑造,加强艺术家发展上升平台建设,提升艺术家发展空间,使“成都画派”成为国际品牌。

(2)注重人才容留和人才引进

针对当前成都艺术人才流失严重和艺术人才难以挽留等问题,政府应当针对性地在艺术品市场的产业链环节,建立健全艺术家容留所需的资源配套和政策配套,像技术人才一样,在教育、住房、资金等方面给予优秀艺术人才以政策,通过“筑巢引凤”和“引凤归巢”并举,吸引他们与成都艺术机构合作,或直接落地成都开展艺术品创作和经营活动,激发成都艺术市场新一轮发展。

5.激发市场消费潜力

(1)加大政府购买力度

针对当前成都艺术品市场消费力不足、市场不活跃等问题,比照音乐市场的做法,建议设立每年500万元的艺术品市场发展专项基金,加大政府购买服务力度。通过向市场购买艺术品主题展、艺术系列讲座,发放艺术品消费券,鼓励企业开展公益性的艺术教育培训、讲座和展览,鼓励学校开展丰富多彩的艺术节活动,特别是富有本土特色的艺术活动,培育艺术品消费市场。

(2)重视金融对艺术品消费的支持

资金是艺术品市场发展的重要工具,也是艺术市场能够繁荣和发展的重要因素。无论是美国纽约、英国伦敦成为国际艺术中心,还是北京、香港成为国际国内艺术发展交流重镇,都与当地成熟的金融市场和金融对于艺术市场的支持分不开。相对而言，成都资本市场对于艺术品市场的关注和参与程度远远不够，应鼓励金融企业创新金融工具，为艺术品消费提供各类融资方式支持。

6.推动艺术品市场的国际化

(1)加强艺术品市场国际化的发展规划

政府在制定艺术品市场发展规划和政策时，应当立足于国际化的发展高度，考虑国际化的要素和国际化的市场特点，结合成都艺术的特色和价值，分层次、分阶段推进成都艺术品市场向国际化的方向发展。

(2)打造有国际影响力的艺术聚集区

针对当前艺术品市场国际化程度不高的问题，成都应引进国外艺术市场发达地区的政策、经济配套方面的先进经验和发展理念，以三圣花乡为重点着力打造具有国际知名度的艺术交流平台，形成有国际影响力的艺术聚集区，扩大成都艺术品市场的国际影响力，将成都的优秀文化艺术推向世界，增进世界对于成都的了解。

7.加快专项政策的制定

(1)建立和健全艺术品专项政策配套体系

借鉴成都演出市场的发展经验和国际先进经验，制定成都艺术品市场发展的专项及配套政策，鼓励一级市场培育，支持一、二级市场知名机构品牌打造，推动艺术品的评估、抵押、拍卖、融资、咨询、教育、创意衍生等业务发展，吸引世界知名艺术品经营机构落户成都，形成较为完整的艺术品产业链体系。

(2)出台艺术品创意研发基金

成都有丰富的艺术品资源和艺术家资源，针对艺术品市场的创意转化环节，建议比照高新技术产业的技改资金免税、减税等政策，出台艺术品创意研发专项基金，提供艺术品创意设计和研发上的支持，推动艺术品的价值延伸和市场深化，促进成都艺术品市场的繁荣。

(3)出台专项税收政策

加大对于艺术品市场的税收扶持和补贴力度，增加税务方面的专项扶持政策，效仿北京、广州等地的税收政策，将现有的艺术品交易“艺术品交易价格+

中介机构佣金”全额征税，调整为全额开票，但只针对中介机构佣金征税，降低艺术品交易的中介成本，提高艺术品的流动性。

希望通过以上相关政策支持和市场作用，推动成都从国内艺术资源高地向国内艺术市场高地转化。

创意管理案例

Creative Management Case

文化与科技:MB的创意之路[①]

◎ 杨永忠　吴昊[②]

摘要:MB公司是一个从事销售户外庭院灯的门市发展起来的传统户外路灯生产制造企业,通过文化创意与技术创新实现了企业的战略转型,成为以"文创照明"为核心竞争力的城市照明系统方案提供商。本案例聚焦在MB的文创照明从萌芽、提出,到战略实施的过程,描述了创始人、创二代等管理者在企业战略选择中的认知和举措;讲述了文化定制产品开发的故事;同时从企业组织架构调整及其他内部管理,呈现了文创照明的发展路径和文创照明管理实践,最后提出文化定制产品会有怎样的挑战,以及企业可能面临的战略选择新问题——"智慧照明"与"文创照明"的关系与选择。

关键词:文创照明;文化产品开发;创意管理流程;文化战略转型

康熙五十七年(1718),平定准格尔之乱后,选留千余兵丁驻守蜀州,修筑满城,建造胡同。清朝末落,旗人后裔、达官贵人、贩夫走卒同住满城,胡同更名为

① 根据调研案例和相关资料改编。受四川大学研究生培养教育创新改革项目资助。

② 杨永忠,四川大学商学院,教授,博导,研究领域为创意管理学,电子邮箱为 yangyongzhong@scu.edu.cn。吴昊,四川大学商学院,案例研究员,电子邮箱为 wuhao.scu@foxmail.com。

“巷子”，这便是如今蜀州最具巴蜀文化氛围的复合型商业街区——“少巷子”的由来。2008年，少巷子向公众开放，成为“5·12”震后蜀州旅游恢复的标志性事件。打造后的少巷子景区的入口处有个标志性的“鸟笼灯”，清朝旗人好养鸟，鸟笼灯的设计回荡着少巷子曾有的生活气息，与川西悠闲、清朝官衙交融的民居群落建筑风格相得益彰。

鸟笼灯的设计承接方是MB公司(以下简称MB)，通过2008年这一案例的成功实施，MB确立了“文创照明”之路。随后的十年，MB的“文创照明”项目逐步点亮全国。

这个促使MB发展壮大的“文创照明”理念是如何提出的？又如何落地转变为企业生产力？一个传统的路灯制造企业，在城市变迁中如何把握母体的脉动，通过文化创意实现转型升级和价值提升？

一、MB发展历程

(一)工厂式生产阶段

MB的前身为MB灯业，MB灯业由H董等人在2004年5月创立，注册资本为198万元。因公司规模扩大的需要，2004年8月，注册资本增加至1200万元，当时年收入达到2000万元，公司主要产品集中在产量较多的庭院灯灯杆，员工100多人。2005年，由于土地涨价，MB灯业继续扩大生产规模，随后搬至当地开发区，占地面积扩大到186亩。

(二)规模与设计并行阶段

搬迁之后，随着生产规模扩大，业务量增加，MB灯业开始注重产品设计。一开始，公司招聘设计师做效果图的方式来增加产品的可视化和观赏性。MB灯业逐渐意识到，仅靠一张产品效果图并不能真正提升产品的艺术性，增加产品附加值，而是需要提高公司的设计力。随后MB灯业与高校合作，利用院校丰富的产品设计资源，组建了自己的设计团队，着力于文创照明产品的设计。

2008年，MB灯业参与了少巷子改造项目，因为设计了“鸟笼灯”而一举成名。2009 年,MB 灯业承接了本市城区核心主干道的玉兰灯设计,以及多个具有影响力的市政道路照明项目。这些项目中,鸟笼灯、新玉兰灯等,富有区域文化特色的路灯受到政府认可,收获口碑的同时也为公司带来丰厚利润,MB 灯业更加确信了文化定制产品带来的竞争优势。

(三)文创照明发展阶段

2010 年,MB 灯业正式提出了“文创照明”理念。文化定制产品为公司带来的行业口碑与利润回报,在实践中的积极作用愈发凸显。2011 年,H 董儿子出任总裁,在 H 总推动下,公司成立了文创照明设计研究中心,并进行相应的组织调整和业务模式转变。2012 年 1 月,全体股东一致同意 MB 灯业整体变更为股份有限公司。

2012 年至 2017 年,MB 进入高速发展期。截至 2016 年末,MB 总资产达到 54 563 万元,净利 49 061 万元。2018 年 9 月,MB 上市。

二、创始人 H 董

(一)创业者到“登山达人”

MB 的创立到上市,H 董也而立成翁。回顾往昔,H 董清楚地记得 1969 年,那年自己刚满 16 岁,便去贵州当知青。1979 年返城,被父母安排到了向阳路的一家缝纫厂当裁缝。年轻气盛的 H 董怎忍受得了周围都是大妈们天天议论家长里短的氛围,1985 年,H 董拉了几个合伙人出来单干。1991 年,H 董在光荣小学对面办了个小厂,作坊式生产路灯部件,销售渠道就靠体育场门口那间铺面。创业头两年,H 董的日子很不好过,市场需求小,庭院灯并不被广泛接纳,生意勉强维持。当时国内最火的灯具市场在广东中山,一伙人想了想,干脆直接南下中山找门路。到中山以后,热情奔放的 H 董很快跟周围厂家混熟了,直接从合作厂家免费拿货,运到蜀州灯具市场售卖,卖了再付款。做中间商赚差价的同时,H 董尤其留意到那些受市场喜欢的产品一定是带着最新、最前沿的设计风格。

1992年,H董回到蜀州,在蜀州市租下更大的铺面,正式命名为“MB灯饰”,此时H董对自己要做的产品定位清楚了许多,那就是有艺术附加值的产品。从那时起,跟随城市建设的进程和打造文化名城的节奏,H董踏准了契机,随后开始建厂,完善生产线和产品线,接着扩大规模,迁址开发区,加强研发能力。

2011年,H董把MB交到儿子H总手中,自己经营起了登山俱乐部,摇身一变,做起了“登山达人”。退休后的H董还有个“50后网红”头衔,这个头衔的来源于一组“蜀州老青年”照片引来的热议。照片中,H董有8块腹肌、清晰的人鱼线,肚子上原本是伤疤的地方绣了一道文身图案。

(二)H董的文化情结

H董从小喜欢诗词歌赋,空闲时常会抄写唐诗宋词,因此在经营企业的岁月中,H董的文化情结有着不同的表达。

在MB公司的一角,有一个特别的“寨子”,寨子取名正是当年H董在贵州当知青的地名。MB在规划建厂时,多余的地块被利用起来,经过精巧的园林设计变成MB接待客户和员工休憩的世外桃源。

MB公司另一处有一个乌木馆。2008年“5·12”汶川地震后,H董偶然走进了一家楠木馆,老板想转手,他便买了下来。喜爱收藏的H董认为楠木除了有经营价值,同时作为有浓厚地域文化的文创产品值得留存和发展。

2010年,MB正式提出“文创照明”发展理念。对于“文创照明”成立的外部环境,H董是这样理解的:从5000年前的三星堆和金沙遗址,就看到古蜀居民自古就有很浓的审美情趣,所以现代的蜀州是个休闲城市,她有创意的土壤,如果MB诞生在另外一个城市,那未必是这样的发展轨迹。他认为MB在很大程度上是跟随城市的规划和发展而壮大的,城市对于地域文化的挖掘和展示的诉求,是MB一系列文化定制产品能够存在于市场离不开的土壤。

三、总裁 H

(一)“一手抓设计,一手抓科技”

2011 年,H 董的儿子 H 总担任 MB 公司总裁。H 总毕业于管理学院,接受过系统的商科教育,做决策的风格与父亲截然不同。H 总从父亲手里接手生意的前两年,H 董还不能完全放手,很多决策两父子都会争论一番,H 总希望自己干出点成绩。

当年,MB 的户外路灯在省内的市场份额接近一半,据市场统计,蜀州市三环路内有 10 万套路灯,对于 10 万套路灯的管理是耗时耗力的。H 总常常思考,如何在兴建完照明产品后,尽可能减少后期的管理消耗。

H 总上任后的一个重要的举措,就是组建 LED 部和智能控制部,对各项产品开始进行全面升级改造。2013 年,升级的路灯开始全面投入使用,研发团队的 LED 配光技术可以实现实时监控,并可以调节光线强弱,改变传统路灯需要人工巡检的状况,这样大大减少了人力物力损耗。同期,“一手抓设计,一手抓科技”被明确为 MB 的发展方针。

因为父亲对产品的文化性价值的坚信,H 总深受影响。2013 年开始,因为 MB 的 LED 技术突破,H 总将原有的“文化定制”产品结合 LED 最新技术,大量开发 LED 户外文化定制产品,尤其是区域定制产品。MB 将这些区域定制产品划分成创意系列、古典系列、现代系列、中式系列等。由于各省、市、县、景区的文化背景不同,这些节能、环保的区域定制产品的出现,能够表达地域“专属”的文化特色,当地政府很快接受,订单大增。

(二)H 总对文创照明的传播

H 总很健谈,在他的理解中,文创照明的本质是一种商业模式,他多次在公开场合向公众阐释他对“文创照明”的理解。

“文创照明,首先是对照明的了解。所谓照明,是通过对光的计划和控制,改善环境,满足人的需要。光就本身而言,是一种物理现象,谈不上文化,通过人控制与利用光，才会带来文化。文创照明强调的是在照明过程中文化的自觉性与文化性，其本质是一种商业模式，即起于创意，再将文化抽象转化成实际的产品。文化定制是在这种模式下面向市场的一种生产方式。文创照明最关键的特征是文化与市场、社会与经济的结合，从而体现一种城市与文化的自我回归与精神解放。”

2011年，在H总的推动下，MB成立“文创照明设计研究中心”，中心担负了MB道路照明方案设计、景观亮化方案设计、城市照明总体规划设计、平面设计等工作，同时与大学进行长期的工业设计合作。自成立起，设计团队通过参加各类设计赛事，将MB文创照明理念转化为成果推向市场，多项创意灯具在国内外获奖。

四、文创照明的萃取和转化

2010年，MB的“文创照明”理念正式提出后，文创照明设计研究中心承接了不少文化定制项目，但这条文化设计之路，开始并非一帆风顺。

2010年，MB承接了B市重建项目的照明设施。中心团队起初设计出了许多美轮美奂的产品，但是当地居民却不接受。之后团队研究了B市的历史沿袭，据史料记载，B市是大禹故里，居住在B市的古羌族是一个以养羊为主的畜牧民族，至今B市保留了大量羌族民俗文化和村寨。通过对史料的研究，中心很受启发，如果要让当地居民喜欢，一定要具有文化性，而文化性的源头，则来自这片土地源远流长的，传承至今的生活传统。通过挖掘史料运用到设计，MB打造了“羌”字灯。

经过这个项目的磨砺，中心开始思考，设计和创意是否可以按照一种可持续的、可复制的模式进行呢?

(一)萃取设计理念

文创照明设计研究中心思考的问题聚焦到一个点上：每个项目所属的文化特色和需求是不同的，如果要将“文创照明”变成为一种可复制的模式，那么就需要从各个项目中提炼出有共性的东西,这些共性是什么呢?

所有设计环节中,对传统文化资源与现代时尚元素的准确把握和融合,这是最难的。一开始,团队没能很快找到其中的密码,后来经过一个代表性项目,团队的设计理念才达成了共识,如“开窍”一般,这个项目就是MB如今引以为豪的“民国风情灯”。

2013年,《财富》全球论坛在蜀州举行,蜀州市对市中心照明灯进行改建,公开招标设计方案。中心团队研究史料,梳理了一条设计线索,将“民国风格”作为基本的设计元素。民国时期的建筑不高,东西方元素均有,以青灰色为主。设计方案中,灯头采用西方的马灯造型,通过祥云纹[①]灯臂将灯头与灯杆连接。灯的整体以青灰色为基色,并在杆体表面喷涂青砖纹样,体现民国建筑元素。在底座的部分,用浅浮雕的形式再次凸显祥云纹纹饰,使灯具增加了年代感。在光源选择上,将LED光带与主光源节能灯配合使用,柔和明亮、节能环保。

“民国风情灯”方案最终中标,中心的思路逐渐变得清晰,文化性、艺术性、人文性、技术性、功能性和绿色环保,是MB文创照明所要表达的共性。

(二)文化定制产品开发流程

经过项目实践,中心坚信路灯可以成为地域文化的载体。但是,路灯的基本功能是保障夜间安全,这是产品实现“文化性”的前提,如何把灯源亮度和均匀度之间的关系处理好,如何满足各种技术指标,才可以将艺术设计变成为商品流通,这需要公司所有资源的组合。在公司发行的行业刊物里,描述过“文化定制产品”的基本开发流程。

第一步,消化当地文化。设计团队到当地感受与体验当地的文化特色,收集现场资料。当地博物馆是团队必到之处。在博物馆中,他们充分体验传统文物的造型、材质、色彩搭配与质感,这样的体验涉及心理感受、美学认知、考古学等各个方面的感知和资料汇总。

---

① 祥云纹:中国传统吉祥图案的代表,寓意祥瑞之云气,表达了吉祥、喜庆、幸福的愿望,是具有独特代表性的中国文化符号,它具有深厚的文化内涵和丰富复杂的象征意义,最早出现在周代中晚期的楚地。

第二步，团队对地域文化的消化与归纳。采集资料后，团队经过讨论及头脑风暴，对地域文化特征进行系统化和关键信息整理。

第三步，地域文化转化成可视化的文化符号，然后设计样稿。

第四步，定稿，是多方意见反馈和修订的过程。意见反馈主要寻求顾客的意见和业内专家意见；汇总第三方反馈后，公司在每周周四召开设计例会，由设计中心、研发部、销售部共同参与方案的设计讨论，经过多重指标审核修订，最终定稿。

第五步，艺术语言转换为技术语言。艺术图稿经过技术化转换，变成可操作的精确数据和图纸，并交付工厂制作模型样本，对样本进行测试，反复修改后确定样式，最后变为可直接批量投入生产的模型档案。投入生产之前设计部会再次把关，模型样品制作出来后，设计团队进行内部评审，主要把控样品是否达到了当初的设计理念和要求，如果达到要求，设计人员签字确认后，方可投入生产。

最后进入销售环节。由销售部门制定价格，进入市场流通环节。

五、文创照明管理

(一)组织架构调整

2011 年，MB 确立“文创照明”后，在组织制度上进行了调整，采用以文创照明为主导进行资源配置，由设计中心牵头，以设计为主导，区别于过去以销售为主导。设计中心下设方案设计部和机械结构两个部门。其中方案设计部负责照明方案即产品灯型的设计，机械结构部负责各类设计产品的试制。

(二)研发与生产

MB 的研发中心是产品的技术保障部门。研发中心承担生产的技术支持的同时，致力于产品的自主研发和自主知识产权的照明管理系统。研发中心包括方案设计部、产品创意设计部、机械结构部、LED 产品研发中心和智能控制产品研发部。

方案设计部和产品创意设计部主要根据公司战略、市场需求研究新的具有通用特性的产品,并在此基础上,根据特定顾客的个性化需求进行道路照明设计和景观照明设计,以方案形式完成。机械结构部负责对设计部设计的产品进行样品试制、检测、编制工艺流程、进行工艺工装并将产品的性能反馈给设计部。

在文创照明管理中,研发环节,是设计环节和生产环节之间的中间环节,起着承上启下的重要作用。研发中心要实现的是产品的创意设计到结构设计,实现产品的外观设计到实物设计的转换过程。

生产部门会与设计部门积极沟通,以内部评审会的方式充分了解设计师的设计意图和设计理念。在反复沟通的过程中,生产人员给予生产工艺、材料、加工手段等方面的建议,通过群策群力的集体智慧,选出更好的生产方式方法将文化元素具体化。

(三)文化定制产品及定价模式

文化定制产品是MB文创照明的核心产品和服务。文化定制产品细分为景观道路灯、现代路灯、景观庭院灯等产品系列。定制产品需要通过基础配件的特殊部位预留空间,用于加载客户要求的特殊文化符号和图案。定制的关键环节是根据客户的需要,为当地文化量身定做,但其他城市不能使用。

文化定制产品由销售部定价。公司根据各个订单的具体情况,参考个订单产品的规格参数、零部件配置、原材料价格、制造工艺的复杂程度,提货(运输)方式,客户距离远近的具体情况,采用一单一议。同时,销售部门会从美学价值、象征价值、历史价值和真实价值等多个方面来把握产品的价格。销售部逐渐形成了一套合理和完善的定价模型,这个过程是将产品文化价值进行数据化和量化。

文化定制产品需要公司加大前期的创意和研发投入,创意研发约占收入的3%～5%,2011年到2017年,创意研发费用的增长率为20%～25%。此外,文化定制产品有不同于标准化产品的地方,即单价高、销量少、利润高,因此公司会对每种产品进行独立核算,对它的价格、盈亏平衡等各个方面进行分析,提出产品的财务评价。

(四)公共政策支持

路灯是政府资源,MB公司非常重视公共政策对文创照明产品的支持。我国城市化进程过程中,城市照明受到重视。2015年底中央城市工作会议召开,地方政府加大了市政环境基础设施建设。2016年G20杭州峰会后,全国涌现一批大型城市照明示范工程,各个地方政府希望弘扬城市文化,大力发展可呈现本土文化的市政建设。MB在国家政策和战略规划的基础设施互联的配套产业里受益良多。

通过政策支持,MB获得不少政府资金支持项目和产品,获得政府支持的项目和产品往往能产生正向的乘数效应,同时扩大了文创照明产品的社会影响力。

六、挑战与选择

(一)"智慧路灯"崛起

2012年,"智慧城市"概念进入中国。H总接任总裁后,在研发中心设置了智慧路灯专项机构,于2015年启动智慧路灯①项目开发,推出智慧路灯全系产品和云控制平台。

2016年,MB在蜀州高新区推出第一批试点"共享智慧路灯"。产品采用电力线载波通信技术和无线GPRS/CDMA通信技术,实现对路灯进行远程集中控制与管理。同时,共享智慧路灯加载户外显示屏、WIFI、手机充电等功能,附加的新能源汽车充电功能还可以解决共享新能源汽车的充电补给,即停即充。

2017年,MB成立全资子公司,致力于智慧路灯研发、设计、生产、销售与运营。子公司的目标是想把路灯打造成一个物联网的统一管控平台。

---

① 智慧路灯:指利用物联网及互联网技术,在路灯上搭载各种传感器及感知设备,如充电桩、LED信息发布屏、高清摄像头、视频安防、5G基站搭载网络、停车检测、环境感知、检测组件等功能为一体,使路灯成为智慧城市信息采集终端和便民服务终端。

2018年,MB加入华为eLTE生态联盟[①],加入生态圈后,MB照明可以优先联合华为进行全球市场推广,在各类展会、展厅和论坛等场合联合展示智能照明解决方案。6月,MB与中国铁塔公司签署战略合作协议,将路灯杆变为5G的通信塔。

同年,MB开展了雄安新区、青岛城阳区、安徽芜湖、福建厦门、香港、澳门等地超过50个智慧路灯项目,同时也实施产品销售加运营服务双模式。

据MB公司统计,目前智慧路灯在全国路灯总数中所占比重不到10%,除部分一线城市和中国智慧城市视点项目开始引进智慧路灯,大部分地区还没完成更新。MB相信,随着城市现代化进程推进,国家着力打造"智慧城市",路灯作为智慧城市的入口端,MB迎来一个新的契机——进入智慧城市新场景服务及新一代通信基站建设,这将成为公司新业务增长点。

(二)"文创照明"何去何从

在H总的理解中,MB是战略驱动的公司。文创照明让MB获得了竞争优势,在全国300多个城市100余个经典的文化定制产品案例中,其在行业中处于领先地位;文化定制产品促使MB实现爆发式增长,目前,此类产品依然是公司主营业务收入和利润的重要来源;父子两代人对文创照明理念的坚持和传承,将曾经从事传统制造的MB转变为城市照明系统方案提供商。

然而,随着客户对产品文化属性的认同和需求的增加,城市照明领域的竞争对手越来越多。文化定制产品进入的壁垒并不高,产品开发投入大、产量少、利润高,产品外观设计容易被模仿,MB对外观设计专利的维权成本并不低,又因为多起诉讼案给公司带来不少负面影响。

H总思索着,未来将是物联网、云计算、"智能+"、5G的天下,城市照明行业的趋势已然发生了很大变化,文化定制产品会面临怎样的挑战?"文创照明"理念在"智慧城市"的高速进程中过时了吗?

---

① 华为eLTE产业联盟,即eLTE合作伙伴生态系统,成立于2014年2月,该联盟通过技术(ISV,IHV)、集成、咨询、标准组织、客户以及VAP(增值伙伴)等合作伙伴的全球合作与共同努力,促进eLTE在公共安全、交通及能源等行业的发展,提升业务体验,让城市变得更智慧。

附　　录

附录1:教学说明

一、案例概要

MB公司(以下简称MB),是一个从事销售户外庭院灯的门市发展起来的传统户外路灯生产制造企业,通过文化创意与技术创新实现了企业的战略转型,成为以"文创照明"为核心竞争力的城市照明系统方案提供商。

案例聚焦在MB的文创照明从萌芽、提出,到战略实施的过程。描述了创始人、创二代、设计中心等管理者和管理部门在企业战略选择中的认知和举措;讲述了MB两个经典的文化定制产品开发的故事;同时从企业组织架构调整及其他内部管理,呈现了MB文创照明的发展路径和文创照明管理实践,最后提出文化定制产品会有怎样的挑战,以及企业可能面临的战略选择新问题,"智慧照明"与"文创照明"的关系与选择。

二、在课程中的定位

学生人群:本科生、MBA学生、学术型硕士。

使用课程:"战略管理""创意管理",在"战略转型"等相关章节,以及"营销管理"课程中作为延伸阅读材料。

学习目标:

让学生理解MB进行文创照明战略的驱动因素,通过该案例能够关注企业战略转型中不容易被关注的中观层面,即企业与城市的关系。

让学生通过分析案例中企业家的作为,理解企业家的行为和决策与企业战略的关系。

让学生通过梳理MB创意管理的流程,理解企业的战略实施中,理念该如何落地,如何变为产品的过程。

让学生理解企业转型升级的内在逻辑以及面临的机遇和挑战。

三、相关阅读资料

1. 杨永忠,著.创意管理学导论[M].北京:经济管理出版社,2018年9月第一版,第四章,第三节,第96页—100页。

2. 弗雷德·R.戴维,著.战略管理[M].北京:中国人民大学出版社,2012年8月,第五章,117页。

四、讨论问题

讨论问题1:思考MB进行文创照明战略实施的外部环境,尤其是与所在城市的关系;分析创始人H董、创二代H总在战略转型中起到什么作用。

讨论问题2:在MB的文创照明战略实施中,如何将创意转化为产品?

讨论问题3:与MB过去的传统制造业务相比,MB创意管理的流程有何差异?文创照明战略让MB核心竞争力发生怎样的变化?

讨论问题4:在"智慧城市"系统高速发展下,你认为"文创照明"会面临怎样的挑战和机遇?

五、教学计划

本案例可以作为专门的案例讨论课，教师可参考表1安排课堂时间，总时间控制在90分钟以内。

表1　课堂教学计划建议

序号	内容	教学活动(讨论问题)	时间
1	课前准备	按人数分组(5～6人/组)讨论，提前发放案例及思考题，要求每个学生课前完成阅读，简要回答思考题	上次课结束时
2	开场白，明确教学目标及主题，回顾案例	介绍课程安排，明确案例教学形式对学生的要求，随机提问了解学生对案例的熟悉程度，学生再阅读案例，进行案例回顾	5分钟
3	讨论问题1	关键点：是引导学生思考企业战略转型分析中较少提及的中观层面，即城市环境与企业发展；二是企业传承过程中，企业家特征、决策行为对企业的影响，理解“差异化战略”	20分钟
4	讨论问题2	关键点：MB的文创照明是如何落地的，企业的理念如何转化为产品	15分钟
5	讨论问题3	关键点：MB文创照明战略给企业带来了什么？引导学生从企业核心竞争力去分析	20分钟
6	讨论问题4	关键点：文创照明在未来可能面临的机遇和挑战，文创照明与智慧城市双轮驱动的探讨	20分钟
7	总结	案例回顾，进一步分析，延展性讨论，为下一个知识点做介绍，布置课后任务	10分钟

六、讨论问题并分析

讨论问题1：思考MB进行文创照明战略实施的外部环境，尤其是与所在城市的关系；分析创始人H董、创二代H总在战略转型中起到什么作用。

第一部分：通常课堂中关于企业战略转型的分析集中在宏观环境及企业微

观分析。而在这个案例中,可以引导学生思考较少提及的中观层面,即分析城市的文化特征和城市的发展路径对企业的影响,以及MB在这样的条件下寻找机会的主动性。

分析思路:首先,在案例中,H董的访谈提及蜀州地域的文化诉求是MB进行文创照明的土壤,案例中又用了一定的篇幅介绍MB文化定制项目的背景,教师可以提醒学生思考,MB的战略定位与蜀州发展创意城市的关系,MB文创照明战略定位如何与城市主导的市场需求结合。

具体分析:从城市历史和呈现的城市肖像特征来看,蜀州散发出文化自信,蜀州的市民文化及休闲生活方式能够孕育出创意文化产业;从政府层面,蜀州市政府近些年主导“打造西部文化创意高地”,时尚创意产业战略的导向也推动企业进行文化战略转型和文化产品开发,上述原因,就促使MB需要深入理解蜀州对文化的诉求,设计的产品要满足城市风貌。MB开始涉足文化产品定制,恰恰是源于蜀州开始打造历史文化名城的诸多举措,如案例中提到的少巷子改造项目,一方面成就城市文化的坐标,另一方面刺激了MB在配套城市发展规划的探索。MB具有代表性的项目,如“民国风情灯”“玉兰灯”等都是典型的市政工程,政府买单的前提是产品必须契合城市发展规划,要准确表达这座城市的文化性。

延伸性讨论,可以向学生提问:如果MB身在其他城市,是否也可以走文创照明战略?有哪些企业的成长跟所在城市是密不可分的?

第二部分:分析创始人H董、H总在战略转型中起到的作用,可以结合他们的个人特征,从他们承担的角色,分析他们的决策行为对组织产生的影响。

H董的分析:企业文化的内核一定程度受到创始人的精神诉求和自身价值偏好的影响。案例中的H董,是具有创新思维和冒险精神的人,MB的文创照明理念,某种程度上是H董这个创始人内在的文化情结的外显,H董对于MB的文创照明战略,起的是方向性的指引作用。H董在创业初期选择去广州了解最新的市场行情,意识到艺术性可以成为提升产品价格的附加值,这段经历也是MB文创照明的萌芽期,之后的经营实践中,H董的行为决策为MB的战略发展建立了愿景。作为企业创始人的H董,富有创意的生活方式和对新鲜事物的敏锐的特质,有助于企业开辟新的市场,让整个企业比较有活力,为员工提供创意的空间。如案例中提到的MB公司中设立的楠木馆、山寨等,看似是H董个人的喜好,某种程度上也会给企业带来文化创意氛围。

H总的分析:H总作为“创二代”,在H董退休后继任总裁,在父亲关于MB发展的基本理念基础上,实施“文创照明”战略,实质是推行了差异化战略。H总相对于H董,接受过系统的商科教育,有意识地将MB文创照明从战略层面实施。首先,H总率先将文创照明的理念同产品的成本、研发、技术等因素关联起来,从经济效益上保证了战略的可持续性。“一手抓设计,一手抓科技”走的是差异化路线,从技术上实现对文化定制产品的保障,以LED技术为基础的系列定制产品,是MB文创照明区别于其他竞争对手的优势。其次,H总将文创照明理念进行广泛传播,在参加照明论坛、照明年会等公开场合时,以H总为代表的MB管理层反复对“文创照明”理念进行传播;同时,将文化定制产品通过竞赛、专利形式等树立市场影响力;通过扩散创意总监W总的行业影响力,利用名人效应起到战略协同作用。最后,H总关注物联网、“智能”+等科技领域,结合产业发展趋势在文创照明的基础上布局新的增长点,这也是MB在经济上的可持续发展和创新。

阅读以上内容,引导学生思考企业战略的提出和实施,最重要的外部因素是什么,企业家的行为和决策与企业战略的关系,企业家特征对战略有什么影响。

讨论问题2:在MB的“文创照明”战略实施中,如何将创意转化为产品?

创意转化为产品,其本质是MB的“文创照明”理念的落地。创意转化为产品的过程,是对文化资源的开发,将文化资源转化为产品形态。这个分析是引导学生理解战略不是空中楼阁,理解战略实施过程中如何落地。

首先,对于MB,文化价值是以产品附加值形式实现的。MB的“文化定制产品”比起传统的产品具有“文化价值”这一产品附加值。MB最初的文化定制项目中,通过探索当地地域文化,MB发现当地所属的文化资源可以融入产品开发中,并带来相当可观的收入,且这一模式是可以延续和复制的。采用这样的模式后,文化资源变成 MB 的核心资源,并且在 MB 的组织内部,创新、研发、设计、生产、技术、销售等环节充分与文化资源的利用和开发相结合,生产具有更高文化价值的产品,以文化价值实现产品的附加价值,“文化资源”变成“文化资本”。MB 将创意转化为产品的过程,实质是开发文化资源的过程,这个过程包括:文化资源调研、文化资源认同、文化资源评价、文化资源投入(见附录 2)

以上的设计理论,可以让学生通过案例中的设计中心团队的故事,总结出文化资源开发的过程,让学生理解企业战略意义上的“理念”如何落地,如何转化为产品进入市场,实现价值提升。

讨论问题 3:与 MB 过去的传统制造业务相比,MB 创意管理的流程有何差异? 文创照明战略让 MB 核心竞争力发生怎样的变化?

通过对 MB 创意管理的流程分析,重点是让学生理解在战略指引下,具有创新且有效的管理,文创照明理念下的创意管理是将文化资源变为一个价值链的过程,这个价值链是促进企业持续发展的关键。

“文创照明”阶段的 MB 与传统业务相比,创意管理的流程呈现一个价值链,价值链的源头是文化资源,基于文化资源进行内容创意,这是一个很关键的环节,内容创意转化为产品,产品包括产品的生产或者服务。下一个环节是市场推广,把创意产品推广给消费者。最后一个环节是消费者,MB 的消费者包括政府、企业,他们不是被动接受,而是提出文化需求,与 MB 一起合作、创造。文创照明阶段,MB 的创意产品是双向、多向的沟通联系,这种联系不是线性的,而是网状的,这样的联系和互动完成了整个创意产品的生产和提炼。这个流程实现了创意管理的诉求。

分析 MB 的核心竞争力,首先从 MB 目前的主营业务与传统制造业务时期进行比较。MB 从单一的生产、制造、销售商转变为“城市照明”综合服务提供商,目前在城市照明领域涉足方案规划设计,产品研发制造,工程项目安装,智慧路灯投资、建设及运营。MB 公司在城市照明领域具备技术服务链,涵盖全过程的城市照明及管理服务。

从案例中可看出，文创照明实施后，MB的核心竞争力体现在：一是设计优势。MB在文创照明提出后，在文化定制产品方面具有较好的设计优势。由于进入文化定制领域较早，MB在全国范围有代表性的作品，在文化定制上处于行业领先地位，而设计所获得的丰厚利润，为后续研发提供资金，促进了企业可持续性发展。二是技术与研发优势。MB在研发与技术上处于行业领先地位，H总担任总裁后，MB在技术研发上加大投入，在组织结构调整后，公司成立的研发设计中心、LED研发一部、LED研发二部、工艺技术部等研发机构，在城市照明及智慧城市领域逐渐形成技术研发优势。这也是MB在大力发展文化定制的同时又可以快速进入智慧城市系统的条件。三是区位优势。MB地处西部，国家对西部的公共政策支持也促进西部城市照明优化和增长。MB根植于蜀州，蜀州是国内较早挖掘旅游价值、城市地标及创意文化的城市。MB跟随城市规划及发展，优先抓住机遇，在西部城市照明领域保持行业领先地位。

讨论问题4：在“智慧城市”系统的高速发展下，你认为“文创照明”会面临怎样的挑战和机遇？

MB的“智慧城市”与“文创照明”的关系，实质是公司未来战略选择的问题，教师可以引入“双轮驱动”概念。学生对其的讨论可以是开放式的，无论学生持有怎样的结论，重点是引导学生在公司战略选择分析中，学会综合分析企业内外部环境，梳理企业的竞争优势转变的脉络，理解企业的战略管理是一个发展变化的过程。

1.分析城市照明行业发展趋势

城市照明作为城市基础建设的一部分，跟随我国城市建设、城镇化推进、智慧城市系统建设而呈现高速增长。城市照明在加速发展的轨道上，国内政策支持、政府补贴等，各地的城市照明在加速升级改造。节能环保更受重视，城市更加重视节能、环保、安全、健康的照明产品。同时，物联网、云计算、大数据等新兴技术在城市照明中有更多运用，智慧城市系统飞速发展，智慧城市产业有更广阔的发展空间。

2.分析MB“文创照明”价值体现和升级的可能性

MB的文创照明在过去很长时间内为MB创造了丰厚的经济效益,文化属性是MB上一阶段发展的核心竞争力。MB将城市照明的功能变成不再是单一的照明,“文创照明”方案中通过照明艺术与城市文化特征融为一体,传递城市文化和审美价值,受到各地政府的重视,且还会相当长一段时间运用在市政城市照明方案中。这点讨论中,可以让学生为MB文创照明的价值体现和升级出谋划策,以下为参考点:

在发掘更多市场需求方面,城市景观照明,随着市民生活方式转变,“夜游经济”及夜间消费在大力发展,各地政府关注度提升。城市景观照明融合城市人文、城市历史、城市文化等,实现照明功能的同时,是城市的装扮,促进城市旅游收入,体现经济价值。夜游经济概念兴起、城市名片打造等公共政策支持等因素对MB的文创照明提出新的要求,也是MB文创照明内在价值体现和升级的可能。

在品牌层面上,MB的文创照明可以探寻品牌化道路,实行品牌化管理。MB文创照明的代表作“玉兰灯”“鸟笼灯”等,几乎是以产品形态打造品牌的策略,所以市场对“MB文创照明”的品牌认知度不高,提醒学生思考“多品一牌”的思路是否可行;如果可行,那么品牌策略又如何与战略结合等。

在未来一段时间内,各地政府的城市照明、城市景观照明的方案设计会更加注重城市文化特征的体现。带有强文化属性的产品和项目,会继续成为MB在照明行业的重要增长点。但是,智慧照明将成为未来的发展方向,科技在城市照明中得到更多运用,MB的“文创照明”根植于过去成熟的产品开发模式,还是与智慧城市融合发展“文化智慧照明”,这仍值得探讨。

3.讨论MB在“智慧城市”的发展机遇

这里可以引导学生讨论,MB如何利用智慧路灯进入智慧城市,可以探索出两者业务的更深度融合,如何创新商业模式。具体思路(MB目前尝试的做法):从产品销售扩大为智慧城市运营服务的模式。智慧路灯运营服务是在路灯项目建设完成后,取得路灯及周边设备一定时间的运营权,包括:充电桩运营、信息广泛发布、特许灯杆上的4G/5G基站服务、无线运营、停车系统等增值服务等，这些可以实现在原有的业务模式基础上持续盈利能力，也是创新的商业模式。

4.让学生设计“文创照明”与“智慧城市”融合的方案

MB公司未来的战略选择，最有可能走“双轮驱动”，引导学生讨论二者融合的可能性，阐述自己的设计思路。以下思路供参考和引导：文创照明融入科技感的城市景观照明，打造具有科技感的城市文化主题微型灯光秀；打造具有地域文化的智慧路灯，将文化定制元素融入智慧路灯设计中；在智慧路灯的运营中加入文化信息和展示。

附录2：文化资源开发流程

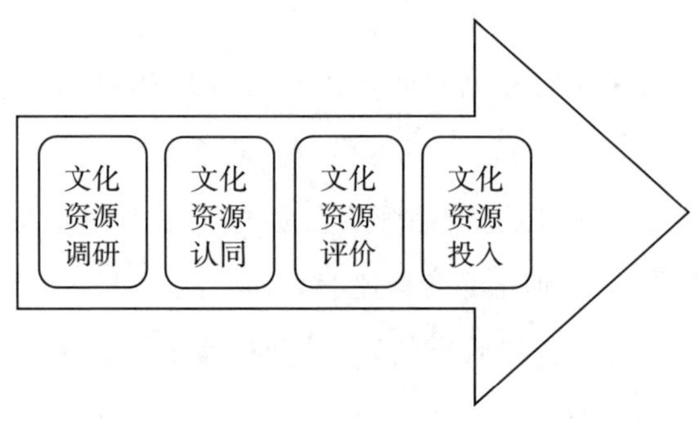

图1　文化资源开发流程

资料来源：《创意管理学导论》，杨永忠著。

Culture and Technology: The Creative Way of MB

Yang Yongzhong, Wu Hao

Abstract: MB Lighting Company is a traditional outdoor street lamp manufacturing enterprise developed from a retail store selling outdoor courtyard lamps. Through cultural creativity and technological innovation, it has realized the strategic transformation of the enterprise and has become an urban lighting system solution provider with "cultural lighting" as its core competitiveness. The case focuses on the process of MB's cultural lighting from sprouting, proposing and implementing the strategy. This paper describes the cognition and actions of the founders, the second generation of founders, the design director when making strategic choice. It tells the stories about development of two classic cultural customization product. At the same time, this paper presents the development path of cultural lighting and cultural lighting management practice from the perspective of enterprise organizational structure adjustment and other internal management, and finally puts forward "what challenges will cultural customized products have?" and "the new strategic choice problems that enterprises may face", which is the relationship and choice between "smart lighting" and" cultural lighting".

Key words: Cultural lighting; development of cultural products; creative management process; cultural strategy transformation

创意巴蜀

Creative Bashu

铁人的"因"与"果"

◎ 李婷婷[①]

摘要:世人皆知紫砂出宜兴,却不知在四川也有。而经历多年探索与发展,四川紫砂制壶无论原料与工艺都具有不输其他产区的特性,虽然行业规模与市场影响不可同日而语。假以时日,四川紫砂制壶必将发展成一支不可忽视的力量。而扎根于四川本土的紫砂文化也必将闪烁出耀眼的光芒。四川省工艺美术大师、国家级高级工艺美术师"铁人"廖奥正在四川壶艺振兴的道路上探索。

关键词:四川;紫砂壶艺;振兴

一、起因

"我并没有宗教信仰,但是我相信因果"

受邀采访铁人前颇有些忐忑,虽然他的年龄并不大,在传统行业里也说不上家学渊源,但在东家,铁人绝对是一个如雷贯耳的名号,甚至不少人根本不知道他的本名。

---

① 李婷婷,自由撰稿人,擅长艺术评论,生于泸州旅居成都。

说下开头那段话的时候，铁人已经跟我聊了快2小时，我没有想到一个做壶的手艺人，经历会那么丰富，并且充满了颠覆性。

从小家境优渥，算得上富二代，却干过建筑工、机械安装、车钳焊刨钻样样都会，搞过印刷，当过司机、保镖，甚至跑过江湖，上山种茶做茶，下山卖茶开店，开茶艺馆、教学茶艺，30岁前干了很多人一辈子都干不了的事。但最后，他却放弃所有，开始认真做壶，而且做得跟大多数制壶匠人不一样。

很多人说铁人是东家茶器第一匠人，第二届中国匠人大会上，被作为东家匠人案例推广；与东家创始人朱见山、文化名人赵普合作的作品创下东家销售记录；甚至在紫砂故乡宜兴也曾掀起一股小小的学铁人热潮。有果必有因，铁人，也不是一天炼成的。

铁人并不是潮州人，家乡在成都，青年时才来到潮州。年轻时心气甚高，因为与父亲理念不合，为了不回去继承父亲的家业，凭着一口气，自己跑去潮州创业，在一个很多人不会讲普通话的地方，栽了不少跟头。

种茶制茶卖茶，骑着摩托车跑遍了凤凰山20多个村子，少年无畏，得了个“凤凰山车神”的称号。

制茶的技术，跟车技一起，也磨炼得炉火纯青。后来自己开荒种茶，种出来的茶叶因为没有人脉卖不出去，就又开始倒腾茶器。

二、结缘

一入茶壶深似海，对壶文化如痴如醉，最早对宜兴壶是研究得烂熟于胸，但在潮州，和朋友喝茶聊天慢慢接触到潮州本地的茶壶，起初不以为然，直到见到他后来的老师（谢华）的作品，用铁人的话来说，每个玩壶人的终极梦想就是能拥有一把中国工艺美术大师的作品（当时全国紫砂行业一共才评选出13位“中国工艺美术大师”），当他接触到那把壶的时候，犹如触电一般，放下以后心情仍然久久不能平复。

玩壶多年，经验告诉铁人，一把壶往往有做壶人的影子，一个人的气质、学识、审美、才情，都会透过作品传递给人，见了壶以后，铁人特别期待见作者一面。

机缘巧合下，铁人终于到了谢华老师的工作室，潮州制壶第一人没有一点大师的架子，一席促膝长谈，谢华对这门手艺的执着和胸怀与高瞻远瞩让铁人深深折服，当下萌生了拜师的念头。

潮州手拉壶是一门传承了近400年的古老手艺，不少家族传承了五六代人，很多老字号制壶世家，包括谢华的“俊合号”，都秉承传内不传外、传男不传女的古训。非潮州籍的更是前所未有。

清代“岭南三大家”中的陈恭尹游历潮州后感慨道：“白灶青铛子，潮州来者精。洁宜居近坐，小亦利随行。就隙邀风势，添泉战水声。寻常饥渴外，多事养浮生。”

早在唐宋时期，尚处偏远的潮州人就知道欲得一杯好茶，好火、活水、好茶、良器和冲泡方式缺一不可，而这良器，他们尤为讲究。至明代中叶，散茶泡饮兴起，工夫茶在潮州蔚然成风，本地素有烧造陶瓷的行当，这就催生了专门用以冲泡工夫茶的器具和工艺。

清代光绪年间金成祥在《海珠边琐》一书中提道：“潮州人茗饮喜小壶，故粤中造孟臣、逸公小壶触目皆是。”

而从清代中期开始，潮州朱泥壶便独具一格，成为工夫茶必备茶具之一，亦成为工夫茶四宝中的核心。当时潮州制茶壶不仅风行福建、广东，更随着福建潮州人远渡重洋，远销东南亚，至今在泰国、新加坡等地仍时常能见到。制壶匠人们秉承家学，代代相传一直延续到今天。

可为什么在潮汕人圈子里家喻户晓，而其他地方却鲜有人知呢？

铁人说，潮州壶以前走不出去的原因很多：一是潮汕人因为有独特的语言体系，故而易抱团也易形成独立的小圈子，很多本土优秀文化，受限于语言与文化认同，很难走得出去；二是潮州制壶的手艺一直是家族式传承，传内不传外、传男不传女，各家的泥料、技术、制作方式都对外秘而不宣，固执守旧的手艺人们在最困难的时候都坚守古训秘不外传，关起门来做手艺，在以前，不仅有人来拜访就不做壶，甚至女儿女婿也不许偷学。导致从清代到10多年前，潮州壶的手艺仍然以三大老字号传统壶艺世家(以谢华为首的俊合号，以章燕明、章燕城为首的安顺号和以吴瑞深、吴瑞全为首的源兴号)为主，光看名字就知道，别说外人，就连女婿也休想学到制壶手艺。就因为这样的闭塞，传承成了难题，整个行业10年前甚至只剩下不到50人还在坚持。

这样近乎与世隔绝的状态，工艺、原料、造型一度停滞不前，光凭“最适合冲泡工夫茶的茶壶”这一百年来形成的认知，勉强维续，从而使得潮州壶在市场上失去了竞争力。匠人们呕心沥血却有时候连吃饭都成问题，制壶手艺人，也一度被看不起，被称为“泥巴佬”，最惨的时候媒人一听说是做壶的，连连摆手，所以他们连老婆都讨不到。

做壶的人越来越少，能面世的作品也就越来越少，手艺人身边的亲朋好友就消耗光了，更别提走出潮州，让外面的人认识了。甚至一度连年轻一些的潮州本地人都不知道潮州还有做壶这门手艺。

谢华少承家传，1980年代开始研究制壶手艺，从泥料到工艺，从使用到造型，都有很多创举。第一个打破原材料的局限，开创石中取泥的新方式，将原来潮州本地人惯称的“土罐”变成朱砂壶；第一个跳出传统造型的老路，创作了相当多的当代风格壶艺作品，将茶壶做成艺术品；第一个作品出现在正规专业拍卖场，并且一次又一次地打破潮州壶的市场拍卖纪录；第一个走出潮州，融合多地制壶技法，开创全新制壶工艺，将潮州壶的品质提升到另一个境界。也是摒弃陈规，第一个将祖传手艺传播开的人。

潮州壶的手艺跟宜兴紫砂不同，迥异于打泥片拍身筒，潮州壶采用古老的辘轳制陶法，一团泥料在手中自下而上伸延，内外翻转成型，手指和手臂配合，挤、拿、压、捏、按，一团泥在指尖幻化成瑰丽神奇的各种造型。

随心而就，尺寸弧度，全凭感觉和心念，相比于宜兴紫砂壶，它对基本功的要求更高，一个学徒从开始学到出师，往往要耗费2～3年的时间。

因为潮州壶入门基础非常难，每一个环节的要求很高，一开始，谢华大师并没有答应收徒，也没有亲手传艺，铁人只得厚着脸皮自己摸索。因为当时在成都和潮州两边跑，草草捣鼓了半天只得作罢，走之前不忘再次跟老师表达希望学艺的想法，老师便让他有时间再来练。没想到，一句客气话，让铁人一头扎了进去。

当时很多年轻人听说谢华大师开门授艺，前来学习的人也挺多，但大部分在短期的练习后就放弃了，手拉紫砂不比通常见到的陶艺，手法、标准、技术要求截然不同，很多人半途而废。

铁人回去以后，对学艺的事情念念不忘，暗自定下目标，将自己的事情安顿好以后，下定决心再次来到谢华老师的工作室。这次一待就是半个多月。因为当时只有本地人在学艺，条件有限，为了能尽快掌握基础环节，铁人就在楼梯下面自己搭了块木板睡，睡醒了就起来练，练累了倒头就睡。

真的很难想象，一个曾经享受着优越条件闲适生活的人，在潮州30多度的盛夏忍受着蚊子疯狂的叮咬。

那时候，铁人每天早上天还没亮就开始练习，每天身上几十个包，练习近20小时，因为学艺心切，隔三岔五就磨破手，头上不停滴下的汗水和着手上的血水，拉坯的技术就这样慢慢入了门。这期间老师晚上回家的时候，时不时路过会看一眼，每一次都会看见工作室亮着一盏灯，灯下有个孤独的人，也许老师就是用这样的方式，考验一个外地陌生人学艺的决心。

经过诸多考验，铁人凭借自己的毅力与执着，终于打动老师，开始学习制壶手艺。

谢华大师早年自己花费500万元，租赁场地、提供泥料、机器、工具，甚至茶水，让社会上任何人都能够无条件地来学习制壶手艺，师兄弟们常开玩笑说，这里就是潮州壶艺的少林寺，最初负责带学生授艺的几位“老人”就是少林寺十八铜人，作为当时老师和学生一共200来人里面唯一的外地人的廖奥，谦虚地说：“我算不上铜人，最多算个铁人。”

刚开始的时候总是废寝忘食，常常练着练着一天就过去了，师兄们又都开玩笑说他是不需要吃饭的，是铁人。后来，工作室学艺的人越来越多，在铁人走了以后，他成了一个传说，每个人都想像铁人一样，有铁人精神，这也就慢慢地成了工作室文化的一部分,激励着一拨又一拨前来学艺的年轻人。

这次学习让铁人彻底下了决心,临走时跟老师告别,老师眼见他学艺刻苦,虽然嘴上没说,但看在眼里,跟他说:“小廖,我把这部机器送给你,再送你半吨泥巴,你回去后自己就在家里练。”铁人听了当时热泪盈眶,这不仅是老师慷慨大气,更代表着老师认可了自己。

从那以后,铁人再去潮州,谢华大师就在自己的工作间,手把手地传艺。但拜师成功以后,才是真正的考验,练习揉泥就练3个月,抱正泥团就15天,起身筒、做造型,干湿把握、修、接、粘、烧,一把潮州壶需要60多道工序,每一道,都需要大量时间累积。一整天长时间对着拉坯机,每天晚上躺下以后,整个人仍然是天旋地转,但铁人就好像“吃了秤砣铁了心”一样,满腔热忱、浑然忘我。

正式成为入室弟子,可以真正窥得手艺中的诀窍,但与此同时,大量的练习,也荒废了自己的生意。跟父亲也产生了矛盾,父亲的家族企业当时正在蓬勃发展,急需铁人回去接班出力,学做名不见经传的手拉壶跟产值上千万的生意比起来,让绝大部分人都嗤之以鼻,或许在别人开来,一个好好的“富二代”,前景广阔的生意都不要,却跑去做个手艺人,是件匪夷所思的事情,铁人也背上了忤逆子的骂名。当时除了太太,身边所有人都不理解,非议不绝于耳,身为外地人在潮州的孤独,进展缓慢的学艺,都压在铁人的肩上,再加上经济状况逐渐捉襟见肘,每年临近春节,甚至要借钱度日,那段时间,无疑是铁人最黑暗的几年。

但他仍然做出了最艰难的选择:人的一生应该体现自己的价值,我要把一把朱泥壶做到极致。

跟着老师学做壶十多年,铁人一直没有做出心中那把好壶,好壶应该是什么样子,也许只有铁人自己心里才有答案。

那年得知全国第一届紫砂现场制壶大赛,铁人决心去参赛。但没想到所有师兄弟和制壶匠人都不支持他去。多少年来,潮州从未有任何一个匠人在宜兴参加过现场制壶比赛。有人怕铁人去丢了潮州的脸,有人担心铁人毁了前程,唯独老师跟他说:“小廖,你要去,你去代表我们潮州!”

就这样铁人成了第一位在宜兴现场制壶比赛的潮州匠人，也是那一届比赛20位进决赛圈唯一的非宜兴籍选手（后来从第二届开始比赛改为只接受宜兴本地匠人报名）。当时铁人独自托运工具泥料千里赴会，后来师兄弟们戏称这段为独闯龙潭。

比赛很艰辛，托运的工具晚到了半天，就意味着需要在一天半的时间做出一把壶，主办方也没有想到会有外地手拉工艺的选手参赛，铁人受到了不少排挤。因为潮州壶原本的成型工艺迥异于宜兴壶，本来一个完整制壶流程需要耗时15天左右，一天半，几乎是个不可能的任务。但奇迹往往就发生在不可能的时候。一秒都没有浪费，用一个人效率的极限，最终在比赛结束前完成了作品。比赛现场制作的《逍遥》也就成了铁人的代表作品。

虽然因为一些场外因素最终只获得了铜奖，但这已经是铁人和潮州壶新的历史，更让他感动的是，比赛期间全潮州制壶的同业，都齐心协力地来帮他投票拉票，有的发动整个工厂，有的号召起了整所学校，铁人的参赛，第一次将以往互不往来的潮州制壶匠人们团结在了一起，也成为潮州壶历史上一个颇具里程碑意义的事件。

三、结果

一壶成名以后，铁人结束了正式学艺的生涯，回到了家乡成都。谢华老师最大的心愿一是让潮州壶获得应有的尊重，二就是在传承、传播的路上能开启一个潮州壶的时代。如果当初收下铁人传艺是因，那后来铁人谨遵师训，将潮州壶声名远播就是果。

以前的铁人性格内向，平日里话很少，做壶于他而言，仅仅是自己一个人的念想。但师恩重于山，所以他站了出来，成了一个“抛头露面”的匠人，尽其所能地宣传、传播，去让更多人认识、了解这门手艺。

铁人在家乡开办了自己的工作室，满腔热忱地学起了师父，可面向社会的免费教学不是在哪里都可以做的，近一年的时间，花费了大量的时间培训了超过 200 人，但成都人对潮州壶的认知完全是零，来的人也不是来学艺的，只因为好玩来体验，这让铁人深感受挫。

于是铁人上各大媒体、展会，不遗余力地去宣传潮州壶，可收获的欣赏少，不解多。“你这个是泥壶吧？”“手拉壶是什么？手拉的，肯定没有紫砂壶好”“这个一看就是机器做的，机器壶”……

一边宣传推广遭到非议和误解，一边自己的生活窘迫到几乎无米下锅，但到了最黑暗的时候，也意味着光明就要来了。

那一年的四川国际“非遗节”，铁人代师参展，会上来了两个人，游说了铁人一整天，那时候的铁人对互联网嗤之以鼻，将锲而不舍招募匠人入驻的东家创始人朱见山当作了骗子，谁曾想，后来与朱老师的知遇之恩竟成了工艺圈的一段佳话。

铁人抱着试一试的态度上了东家，那时候流行的说法叫“传统手工艺触网”。这一触网，上线的第一个众筹，铁人就创下了当时东家的众筹金额最快售罄的时间记录。限量发售的新作《春思》，也成为后来圈子里玩家们趋之若鹜的“硬通货”。

自己拍摄短视频，讲述自己对作品的理解；自己撰写文案，因为只有自己最了解自己的作品；自己上镜直播，将潮州壶几乎所有的制壶老师介绍给大家。生生地将一个腼腆、内向的人折腾成了业内“大神”，凭借审美素养，也让铁人成为行业标杆。

再后来的铁人，创作的作品获得了大量各种级别的奖项，代表潮州与宜兴在东家开展“南北紫砂”线上 PK，与东家创始人朱见山、文化学者赵普合作创作作品，在中国匠人大会上成为东家匠人的典型范例，一次又一次地打破自己在东家的众筹首发纪录。甚至在紫砂故乡宜兴，东家号召匠人们复制铁人，掀起了一股小小的学铁人的热潮，不仅是东家茶器粉丝数量第一的匠人，连作品的用户评价，也创造了 100%好评的奇迹。无论是在东家，还是他所在的潮州手拉壶领域，铁人应该都称得上一个传奇。

铁人的作品也极富个人色彩，大部分的作品都坚持自己原创，《古韵》系列、

《铁人三相》系列，每一件都凝聚了自己对手艺、对艺术的理解，也几乎每一件面世后都被同业模仿、复制。铁人说：“艺术就是守自己的旧，革自己的命，传统手艺的创新，就像寻找宇宙中黑洞的奇点，看不见、摸不着，但通过它，也许能穿越过去与未来的时空。”

为了推广潮州壶，帮助生活困难的年青匠人，在谢华大师的帮助下铁人创立了“逍铁入泥”品牌，常常自己贴钱，想办法帮匠人们宣传推广。

铁人的内心也经常纠结，多少年来一直不善于与人沟通，也曾经厌恶站到前台，并且宣传推广之类的事情会极大地占用时间，这就不得不压缩自己做壶的时间，而且宣传这种事情离不开炒作，可偏偏自己又是一个实事求是的人，所以一直到现在仍然内心很排斥。但是，潮州制壶 400 来年，一直最缺乏的就是传承、传播，老师穷尽一生来传承，他能做的，只有尽力来传播了。

过往那些极为丰富的经历、出生的环境也许就是铁人的因，它们造就了这个对财富、名利有另一种认知的铁人，铁人直言不讳地说：“我需要名，以前跟别人讲潮州壶，没有人能听进去，但如果他们已经听说过我，对我有了了解，我再去讲就很容易接受了；我也需要利，只有自己壮大了，才能将这门手艺传承传播出去，才能创造条件来吸引人才。这样才能实现自己的自我价值，这样才能报答恩师授艺的恩。”

现在去铁人的工作室，他仍然每天穿着满是泥点的工作裤，带着袖套，那盏昏暗的灯光下，像雕塑一样入定的铁人，标志性的光头，在黑暗中格外闪亮。

四、尾声

我们特地摘录一段铁人自述的有关四川壶艺的创意，让我们感受创意背后的探索。

作为四川为数不多的专业紫砂制壶手艺人，在制壶之余，总在思索应该怎样在创作一件紫砂作品时对其赋予更多的人文价值。观近现代紫砂壶发展历史，宜兴紫砂壶的崛起无疑是依靠地处江南，坐拥雅士名人，紫砂壶属于文玩类，自然被各路诗家高人追捧，吟来颂去间无形中赋予了相当多的文化价值，各类传说故事层出不穷，坊间传颂不断以至声誉日隆。

而制壶工艺源自潮州手拉壶的我，自学艺之始便常常思索在创作一件属于自己的原创作品的时候，应该遵循什么样的创作理念，以及应该表达什么样的艺术诉求，四川紫砂壶又该如何发展出自身独特的艺术语言。

既然紫砂壶属于工艺品，又属于传统文玩，那么就应该具有更多的文化属性，但是如何合理又有裨益地将紫砂壶与文化相结合呢？

于是我开始尝试在自己独立设计创作的每一件作品中，从设计环节就开始融入文化属性，并且增添紫砂艺术作品“雅”的风韵，其故事性、话题性也更利于作品宣传，所以开始尝试在设计作品时一壶一故事，一作一典故。

例如我独立设计创作的作品《长风》。该作品在设计时以壶身化舟，寓意艺海行舟，流为船首，把为桨舵，钮则为桥，寄望以壶为桥、为纽带，串起蜀粤两地工艺美术的维系与交流。取名《长风》，意为欲乘此中国工艺美术蓬勃发展的新风，将古老的传统制壶艺术在巴蜀大地上得到新的传承。

该壶成型后，恩师中国工艺美术大师谢华也欣然提笔赠诗，以“长风破浪会有时，直挂云帆济沧海”勉励余坚持在川推广紫砂制壶工艺，待得长风起，挂帆济沧海！《长风》之名便由此典故而来。

而最近独立设计创作的作品《逍遥》更是因事成壶，起因是我有一好友，犹善茶道，曾多次给我无私的帮助，一直十分感谢却无以为报。因缘巧合在某日茶叙间聊到好友妄自菲薄，工作中不尽如人意，遂联想到《庄子》“大瓠之种”的故事，我这位朋友蕙心纨质却总自嘲一无可用。但在我看来，无用之用方为大用，就像那故事中的惠施之瓢，其用更能逍遥于江湖，那才是大才之用！一如弘一法师的几句偈语“君子之交，其淡如水。执象而求，咫尺千里”。世人都以为庄子与惠公互相不屑，殊不知世间唯有惠公才懂得庄子旷达的心境和视富贵如敝屣的超然生活情趣；也唯有看似汲汲于富贵的惠公，才能让庄子讲出匠石运斤的遗憾。这份淳厚友谊，是源于思想深处的惺惺相惜，得友如此，自感足矣。

为答谢好友，我苦思多日，在恩师中国工艺美术大师谢华老师的帮助设计下，终于完成了这把特意为好友创作设计的《逍遥》。

取意于《庄子》，以葫芦做原型，但在传统葫芦壶的敦厚之上更多了一丝灵动。这把壶以自然质朴的风格将葫芦顶采用嵌盖球形钮表现，壶身则制成惟妙惟肖的束腰葫芦状，突显质朴之余更有一丝飘逸，平添几分活泼；又模拟将葫芦的枝蔓弯曲之状化为壶把和壶嘴，形神兼备，极富神韵。手挈壶把，抬手起落间，一束茶汤悠然而出，水线笔直有力。热气升腾之下，顿有一种“身带烟霞游汗漫，药兼神鬼在葫芦。只应张果支公辈，时复相逢醉海隅”的飘飘然与浪漫。

而葫芦壶是紫砂壶中一个较为常见的经典壶型，据说源于一代制壶名匠陈鸿寿。葫芦壶之所以广受大家欢迎，是因为葫芦在神话传说中是人类生命的起源，是中华民族最原始的吉祥物之一，古人取葫芦之谐音“福禄”以寓吉祥，更寄意“送子”的吉兆，在传统风水文化中也常用它来辟邪和保安康，意蕴十分丰厚。

所以，在壶的形制雏形设计构思之初，就已经有个故事的雏形或者典故的存在，再根据故事来拟壶化、拟人化，因为故事而成壶形，因壶形而使故事更饱满，故事与作品互证，作品因故事而更具有文化属性，因故事而被赋予灵魂，让每一件作品都“活”起来，变得更生动、更有意趣，耐人寻味。

我想，在进行紫砂艺术的创作时，以后应当考虑融入更多的地方文化属性，但又不局限于地方，这样才能创作出更具巴蜀特色、更具当代艺术审美价值的壶艺作品。

创意管理动态

Creative Management Trends

建设国际创意管理中国学派

——国际创意管理专委会成立仪式暨国际创意管理前沿教材建设研讨会会议综述[①]

◎ 钟琳玲　于爱仙　李金荆[②]

国际创意管理专委会成立仪式暨国际创意管理前沿教材建设研讨会由清华大学中国企业成长与经济安全研究中心、四川大学商学院和国际创意管理专委会主办，四川大学创意管理研究所承办，在清华大学出版社、中国社会科学报、北京中安吉泰科技有限公司和《创意管理评论》编辑部等单位的支持下，于2019年12月28日在清华大学召开。本次会议围绕“国际创意管理专委会成立”“国际创意管理前沿教材建设启动”“三家店 · 中安吉泰中国创意管理学奖设立”三大主题进行，来自全国各地的30名专家学者、企业负责人就“创意管理学前沿发展”“国际创意管理前沿教材建设研讨”等议题展开深入研讨。

① 专家观点系会议录音整理，未经专家审阅。

② 钟琳玲，四川大学商学院博士研究生，文化创意管理方向。于爱仙，四川大学商学院博士研究生，文化创意管理方向。李金荆，四川大学商学院硕士研究生，文化创意管理方向。

一、国际创意管理专委会成立

当日，国际创意管理专委会（以下简称“专委会”）在中国技术经济学会技术创新创业分会指导下，由四川大学、清华大学、吉林大学、南开大学、中国人民大学、同济大学、上海交通大学、重庆大学、湘潭大学、华侨大学、福州大学、台北实践大学、英国埃克塞特大学、巴基斯坦 LUMHS 大学、北京中安吉泰科技有限公司等高校和企业，按照“共建、共治、共享”的原则发起成立，聘请创意管理学相关领域的著名专家担任顾问，为专委会发展提供指导。

专委会成立仪式由吉林大学匡亚明特聘教授葛宝山主持，中国技术经济学会技术创新创业分会会长雷家骕教授、清华大学出版社经管与人文社科分社经管事业部刘志彬主任、北京中安吉泰科技有限公司徐光平董事长、国际创意管理专委会主任杨永忠教授为专委会成立致辞，雷家骕教授与杨永忠教授共同为专委会揭牌。

专委会将以建设国际创意管理中国学派为使命，以引领中国创意管理学发展为目标，以“研产联动，合作创造，开拓创新”为宗旨，以推动创意、创新、创业的价值链发展为导向，加快中国创意管理学的建设。清华大学熊澄宇教授、清华大学雷家骕教授、吉林大学葛宝山教授、北京大学向勇教授、四川大学杨永忠教授、英国埃克塞特大学李伯一教授、华侨大学杨洪涛教授等专家先后围绕“创意管理”进行主题演讲。根据专家现场演讲发言及会议资料，整理演讲内容如下。

（一）数字经济时代的创意与创新——清华大学熊澄宇教授

很高兴受杨永忠教授邀请参加国际创意管理专委会成立仪式，雷家骕教授和葛宝山教授都是管理学的权威。我一直在传媒与文化产业领域，2004 年清华大学九大学院共建国家文化产业研究中心成立，由我任中心主任，这 25 年我见证了清华文化产业发展。这些年，我主要从事国家政策层面建设、高端人才培养等工作。根据本次会议的主题，我确定以《数字经济时代的创意与创新》为演讲题目。

“创新、创业、创意、创造”这些词语提的比较多，我围绕“创文化”结合案例讲讲我的认识。互联网发展飞速，互联网产业体现了创新、创业、创意、创造的发展。创新是愿望，是从无到有，比如1969年，技术的发展催生了电子邮件，带来了便利；创业是行为，是行胜于言，1996年国际上建立了ICQ公司，市场发展较快；创意是思想，是发掘现象的内涵和潜能，比如1999年马化腾建立QQ，这个就是一种创意，不仅仅是一个通信工具，更是一个产业平台；创造是责任，是探索和改造世界的勇气，比如2011年微信出现，积累了国内外大量的用户，这个大量的用户群就是底气。

《信息社会：技术—产业—经济—社会》这本书是我很多年前写的，我在书中提出“信息社会：技术—产业—经济—社会”的概念。我将信息社会分为四个阶段：信息社会1.0时代，以技术应用为主；信息社会2.0，以产业推进为主；信息社会3.0，以经济发展为主；信息社会4.0，以社会建构为主。

在技术方面，我认为，首先社会需求改变传播方式。《沉浸传播》一书中提出：“它是以人为中心，以连接了所有媒体形态的人类大环境为媒介。”传播无时不在，无处不有，无所不能。传播方式也有大众传播—分众传播—交互传播—沉浸传播的发展。其次，科技发展影响媒体形态。1G时代传播声音，主要传播手段体现在电话；2G时代传播文字，主要传播手段体现在短信；3G时代传播图像，主要传播手段体现在微博；4G时代传播视频，主要传播手段体现在抖音；5G时代传播世界，主要传播手段万物皆媒，5G呈现的路径有高速、泛在、低延时、微基站的特点，其对象有多维感官、多维空间、多维功能。

在产业方面，首先，技术延伸激活数字创意。在《世界数字文化产业发展现状与趋势》一书中，我提出对数字创意产业界定为：基于计算机数字处理技术，作用于人的视觉、听觉等全部感官，具有知识产权的属性，以产品和服务的形式，推动经济与社会的全面发展。其次，数字创意赋能产业发展。我在《世界文化产业研究》一书中，提出内容引发社会需求、科技改变产品形态、资本影响市场规模、服务决定事业态度。我对数字产业提出了五个类别：数字动漫、数字游戏、数字影视、数字音乐、数字阅读。在清华大学国家文化产业研究中心发布的

《中国数字内容产业发展指数及评估报告(2019)》中,可以看到2016—2018年数字内容产业行业发展指数中数字游戏、数字音乐、数字阅读呈上升趋势。最后,数字经济改变市场结构。生产端引导技术创新,激活内容创新;消费端引导业态升级,开辟市场空间;服务端逐渐确立区域特色,逐一细化方案,逐步落实软硬件配套服务;市场格局从单体竞争转变为生态竞合;要素互动从双向对接转变为多维融合;业务分布从条块分割转变为矩阵组合。

在文化方面,我认为优质资源赋魂数字生存。新媒介、信息技术和数字经济,通过可触摸的符号体系、可知可感的精神体系和约束行为的制度体系三大途径,得到新文化、信息社会和数字化生存。比如,世界有时间五千年和空间八万里,有三大宗教和四大文明,有几十种语言和几百个民族等优质资源,现代科技有4K、8K、VR、AR、MR、AI层出不穷,优质资源赋魂数字生产后,两者的交集可以实现文明复现和虚拟人生。

在社会方面,通过媒介赋形、技术赋能、产业赋值和文化赋魂等要素结构创新,实现全点共振、全链整合和全民参与的关联模式创新,最后到达共享、共创、共治的社区生态创新。优势叠加共筑创新生态,形态更迭向纵深迈进。技术是手段,是功能层面,重要的是通过枢纽对接,枢纽是创意的引领和产业对接,而目标是实现老百姓的幸福感,促进社会的发展。主旋律和GDP发展的目标是要老百姓有幸福感。数字经济、创意,这些都是过程,都是手段,而目标是社会,是文明。

总的来说,文明从功能属性回归目标定位。功能属性是5G引领,媒介更迭。对接枢纽是创意引领,产业创新。而目标定位是幸福引领,社会演进。唯有文化的持续创生,才能够对这一目标定位的意义与初心予以鲜活的表述,最终突破技术、媒介、产业的功能属性,回归对人民幸福感、获得感的提升上。由于时间关系,以上是我《数字经济时代的创意与创新》的发言内容,希望我们创意管理学发展越来越好。

(二)以创意提升业界的创新——清华大学雷家骕教授

1.我所理解的创意

我们一直提倡创新,但是创新缺少了创意举步维艰。刚刚熊澄宇老师从文化的高度分析创意,我们对创意的理解是从工科角度出发。我们认为创意的定义是:关于产品功能、实物造型、工艺方法、制造流程、实用发明、商业活动、文化及艺术作品的构思。

创意有三大特征:一是业界创新的 idea;二是新颖、独特,但只有实施了才会有商业价值或社会价值;三是创意一定要有“创”的意识,要有科技的、文化的、艺术的意味,有浓厚的科技、文化、艺术内涵。

2.以有内涵的创意来提升业界的创新

改革开放 40 年中国技术创新的四个阶段爬坡,其中最缺少什么?

1978 年流行一本书《短缺经济学》,提出“学习+引进+补短”,那时候创新能力短缺,市场供给短缺,创新主要是学习引进;1988 年,主要是靠引进模仿提升;1998 年,为了防止国内市场丢失,科技部提出自主创新的大的思路,将国内外技术整合在一起,整合集成自创;2008 年,提升自主创新,自主迭代提升,更注重迭代。这四个环节缺失一个重要的东西,那就是创意。四个阶段强调补短、提升、自创、迭代,都没有提到创意。缺少创意,意味着过去四十年创新缺少内核和灵魂。没有创意就没有新的想法,是我们这 40 年发展的一个遗憾。

在这 40 年里,我们创新的主要方法有:一是借鉴学习,通过反求工程,实现差异化创新;二是模仿改进,也是通过反求工程,改进和 TRIZ 方法创新;三是技术整合,通过 TRIZ 方法和价值工程;四是 X+M/Y/Z,通过叠加性技术进步,实现投资的边际效益;五是迭代创新,主要也是通过 TRIZ 方法;六是国外创新在中国场景放大应用,通过场景分析法和商业模式画布;七是探索性试错,即最小化模型试错,投入市场之后再改进,这是精益创业的一个方法求真寻优,力求最佳。这些方法里都没有强调创意。表面的方法和背后的方法中都看不到创意,创意不够,在国际上的竞争力终究是一个问题。

改革开放 40 年,我们在创新角度固然很有成果,但是创意不够,这影响了我们的发展。为什么美国业界能不断的有创意发展？小朋友从小看科幻片，小孩就想未来实现这些科幻；而国内一直在看三皇五帝，对创意的开发有影响。所以，应该从学生开始就不断培养他们的创意。我之前给本科生讲创意，发现理工科的学生更关注功能和流程，但缺少灵魂和高度，缺少创意。学校应该设计一些课程，将创意开发的一些方法性的内容引入课堂，激发学生创意，这样将来的创新才会更有质量。

3.要以“创意＋迭代创新”提升产品创新

我们要强调以“创意＋迭代创新”提升产品创新。在我们生活中，有一个很好的产品创新的例子，就是手机的迭代。之前手机都是键盘，但是苹果手机创新出现了“摸”手机，现在所有手机大部分都是触摸屏手机。这就是苹果手机的“摸”的创意，改变了手机，改变了我们的生活。手机成为我们生活不可缺少的东西，其根本的东西是创意。谁有创意，谁就是强者和胜者。

以上是我分享的《以创意提升业界的创新》。当代中国业界创新最缺少的是创意，很高兴能看到国际创意管理专委会的成立，这是管理学的一个新兴领域。希望通过创意改变我们的生活，希望创意管理学能越做越好，希望通过对创意的研究和分享，我们的创新与创业也能得到发展。

(三)创意活动的创业逻辑——吉林大学葛宝山教授

1.创意是创新的重要组成部分

创新、创业、创造——三创是不可分的，最简单的创造创业与创新离不开。如果通过创意实现了某种价值和目标，就和今天的主题是一致的。

创意是创新的重要组成部分。我们平时提出的休闲农业规划设计、城市规划设计、建筑设计、产品设计、现代服装设计、动画创意、广告创意、品牌策划、珠宝首饰设计(生活是文化，也是艺术)等都需要创意。创意影响了我们生活的方方面面，比如我的外孙，小猪佩奇的创意(衍生儿童用品)已经影响了他的生活，这一系列的创意产品是他的最爱。由此可见，一个成功的创意能延伸出很多产品，一个动漫作品衍生了一系列的产品，这都是创意的行为，关键是要有创意的意识。

2.创意创新问题产生的主要原因

创意创新成为许多国家谋求竞争优势的核心战略，我国和世界主要国家的竞争也是创造能力和创意创新成果之争。我国在R&D资金和专业人员的投入方面，居世界前列，但我国的科技创新活动形成了大量的质量不高的论文、专利以及奖项和称号（不仅是大学、科研单位，也包括企业，如一汽技术中心，上百亿资金投入，上千人力投入，最后被解散）。创意和创新往往走到一半就废掉了，极度稀缺的创意创新资源被极大浪费和滥用，我国的创意创新活动没有达到预期的效果。

我认为主要原因有：制度环境问题、文化环境问题、组织生态问题、创意创新主体的思维逻辑问题、缺乏创业逻辑（思维及战略）等。因为我是搞创业的，所以我从缺乏创业逻辑来分析，主要问题是创意创新主体缺少创业思维逻辑问题，缺乏创业逻辑（思维及战略），缺乏创业导向和引领。我们需要强调创新创意活动，现在情况是缺乏创业导向和引领。很多创意活动和创新活动，没有或者仅在小范围有价值，比如专利，没有产业化。

3.如何理解创意创新与创业的关系

如何理解创意创新与创业的关系？我们必须用理论思维来看创业，才能更好地看到创业的本质。从熊彼特和德鲁克理论出发，创意创新与创业是一个商业行为，在本质上是一致的，都是价值创造过程，都是企业家的商业行为（以组织为平台——创意工作室、设计院、咨询机构等），创意类新创企业的问题是管理问题（管理一个规模化的、结构化的组织，实现了创新成果的有效商业化——创业过程逻辑），创意类规模化经营的企业（已建企业）的问题是创业问题（打破现存组织僵化的创业战略，以实现组织的可持续发展——创业战略逻辑）。管理是让事情更有章可循，大型组织不缺少管理，但是缺少创意创新。创意创新活动应该也有分工，比如做装饰画，很多都是艺术品，内容是创意，制作是工艺，生产是流水线，价值创造是核心。创意创新质量关系到创业质量，评价创意创新效率的主要维度应该包括创业绩效——价值创造。二者是不可分割的，创意创新是手段，创业是目的。

创业的逻辑是用一些商业模式的变革重构我们的商业活动(Partricia McDugall,2005)。创业改变了世界——生活方式、商业模式、工作方式和思维方式。创业逻辑就是用创业思维和战略重新认识创意创新,结构化创意创新就是用创业来革创意创新这个命。

现在我们面临重大的现实问题是:如何用创业逻辑重新梳理、反思、设计我们的创新制度?如何用创业逻辑重新梳理、反思、设计我们的创新组织?如何用创业逻辑重新梳理、反思、设计我们的创新管理体系?有了创意的价值体现,创意的活动才能更好地融入创业的场景中,用创业思维可以解决创意活动资金等一系列问题。比如长春的雕塑公园举办创意雕塑大赛,通过大赛得奖的作品就放到了公园里。

创意纳入创业中,其中有理论基础支撑,就是熊彼特式的创新与创业逻辑。用创业的模式来思考创意会更好,同时思考创意活动中的机会识别和评价、创意性企业的经营管理有何特点。创意促进经济增长,走出危机;创意的主动力来自企业家精神;成功的创意取决于企业家的素质;信用制度是企业家创意的经济条件。新熊彼特主义(将熊彼特"创新理论"发展为两个分支)包括以技术变革和技术推广为对象的技术创新经济学和以制度变革和制度形成为对象的制度创新经济学,前者注重技术创新在经济增长中的作用,而后者更注重制度创新在经济增长中的作用,两者从各自不同的视角分析,可以研究创意对经济增长的决定作用。

我构建了创新(创意)创业知识一体化模型。模型的构建是搞研究的一个抓手,你的思维需要有模型,没有模型就是个发散的思维。创意的活动,需要通过筛选,在创业过程中不断迭代。经典的创业逻辑有:机会导向逻辑、效果逻辑、手段导向逻辑、过程逻辑、共享逻辑、共生逻辑、迭代逻辑、价值创造逻辑和生态逻辑(组织、城市、行业、都市圈、国家、区域)。

在创业逻辑的哲学基础方面,有毛泽东提出的矛盾论、实践论,发现矛盾,知行合一;有邓小平的"猫论",为创新创业活动留有空间,不要讨论谁对谁错;无论是杜威的实用主义还是其他哲学理论,最后要落入道德角度,需要理解康德的道德哲学。同时，理解孔子的中庸之道，能融合更多文化元素进来。

总的来说，由从一而终，到双元共存，再到双元融合，才是解决现实问题的正确选择。而探寻双元结构，离不开创业逻辑。创新创业一体化，创新创意活动必须符合创业逻辑的内涵、维度及测度。以上是我的分享内容，感谢大家的倾听！

（四）创意资本：文化空间与创意营造——北京大学向勇教授

非常感谢嘉宾的到来，我也非常荣幸能参与国际创意管理专委会成立仪式。刚才几个前辈谈到了对创意管理的理解，我是北京大学哲学学士、辅修经济学、艺术学硕士和管理学博士。2003 年留校任教，在北大也算是有 20 多年。今天我带来的题目是《创意资本：文化空间与创意营造》。

1.创意资本的内容维度

“Making the Space of Creativity in China：The Lens of Creative Capital”是我曾经写的一篇文章，文章的核心就是阐述从资本与空间角度关注文化产业的发展。现在我们国家正面临第三次文化转型，将从创意资本的内容维度出发。在北大，我们也开设了专门的学科进行创意管理教学，这次看到了创意管理学教材出版的计划，我们很兴奋，希望能参加这样的计划。

2.创意资本的空间维度

关于创意资本的空间维度，昂利·列斐伏尔提出：资本主义制度下，空间是一种沿着有利于资本主义制度发展，而被创造出来的产物，城市就是资本主义制度运行过程中生产和再生产的空间，内里的结构组织是有利于资本家的利益。在创意资本的过程中，生产空间主要表现在城市的急速扩张、社会的普遍都市化，以及空间性组织等方面。今日对生产的分析，已经由空间中事物的生产（production in space），转向空间本身的生产（production of space）。

我在我的家乡也有一个实践，我回到乡村准备修缮祖宅——向家院子。在改造过程中，我意识到祖宅可以转变功能，不仅可以承载生活居住，更能成为一座寄托游子乡愁、立足国际视野的创客营地，于是打造向家院子。并在四川省大巴山深处的宣汉县白马镇毕城村，举办一场别开生面的艺术节——大巴山花田艺穗节。大巴山花田艺穗节邀请了数位国内外专家学者和艺术家,也吸引了当地的许多村民前来观看。艺穗节于1947年发端于英国爱丁堡,其后遍布全世界70多个城市,而这次举办的大巴山花田艺穗节则是中国第一个乡村艺穗节,它将在一个月的时间里,邀请来自国内外的艺术家进驻乡村,通过不同的艺术手段介入乡村,讴歌泥土和生命。

3.文化空间的创意营造

朝阳区街道把民生改善、风貌保护、文化复兴和小区营造等四大板块,以"设计在日常"的理念,将公共服务中每日积累的工作成果作为最好的展品展示在公众面前。内容涵盖历史风貌保护、旧城规划调研、公共设施提升、公共文化探索、艺术小区发展等不同公共服务领域,形式包括日常工作展示、互动展览、活动事件和论坛沙龙等形式体验。

在城市文化空间营造中,要注意城市天地、城市活水、城市节奏、社会创新和公共创意五大方面的打造。城市天地:仰望城市的天际线,清晨、黄昏,艳阳、雨日,城市本身即是代谢体,随空间与时间流转,城市与人、城市与环境,是生命共同体的价值。以"设计""行动"参与公共事务。城市活水:跟着河走,从水资源、水设施开放等不同专业之间的沟通,从上中下游的小区、空间、环境之间的联结,城市活水是生命循环,是生活休闲,是在思考城市与人之外对环境的尊重与互依。城市节奏是从一张卡片的旅程开始,悠游卡改变了城市的节奏,甚至带动了市民对于行住坐卧的尊重,它便捷地穿梭在城市的新旧时空,快、慢之间,持续客观地进行社会动脉的观察。社会创新:社会创新是一种创新的行动,是一种需要热血、生命的创新实践,以影像与声音呈现不言而喻的生活态度,社会创新的意念,行住坐卧,随手可得。公共创意:当"创意设计"成为一种以"改变"为前提的沟通,用"创意设计"改变世界,不再是空话。社会设计是什么?精选国内外案例,从全球共同的问题到中国城市发展困境来看,社会设计可以带领我国城市走向未来。

谢谢大家,以上是我分享的《创意资本:文化空间与创意营造》的报告内容,感谢您的倾听,感谢杨永忠教授牵头组织本次会议,让创意管理学的发展更进一步！

（五）创意管理学探索——四川大学杨永忠教授

1.学术创业

我对创意管理学的探索是基于我自身进行的一个探索。2007 年我在福建最有代表性的规划是鼓楼区现代服务业规划，因为这个规划，我对创意产业留下了深刻印象，也一直在关注创意产业。2010 年回到川大后我在商学院工作，之前都是在产业经济领域，现在在管理学领域，就遇到了创意的管理学困境。但是有两本书给我了启发，其中一本就是向勇教授翻译的《创意与管理》，开拓了我的思路。后来我又去澳大利亚访学，国外的创意管理处于起步的现状又给了我信心，我认为可以把文化创意管理作为新的专业和发展方向。所以，2014 年我在川大申请开设了文化创意管理博士点，2015 年出版《中国创意管理前沿研究》系列丛书，2016 年创办《创意管理评论》学术出版物，并一直在出版。2017 年我们举办了首届中国创意管理论坛，第三届将在上海东华大学举办。2018 年创意管理学研究的 SSCI 论文也开始陆续发表。2019 年，我们有幸在这里进行国际创意管理专委会成立暨国际创意管理前沿教材建设研讨会，并为三家店·中安吉泰中国创意管理学奖揭牌。

2.创意管理的发展脉络

关于创意管理的发展脉络，我认为创意管理是双线融合的过程，分别是人文科学（包括文艺学、文化产业理论、文化经济理论、创意产业理论和创意的微观问题等）和社会科学（包括管理学、创新管理、产品创新、模糊前端和创意的微观问题）的结合，形成了创意管理学。

3.理论创新空间与新当代管理理论

创意管理的基本特征与系列管理问题研究，可以围绕着空间的体验特征、产品的新奇特征、生产的合作创造特征、消费的文化身份特征和价格的社会网络特征等五大特征展开。这五个特征的研究，我认为每一个都能申请到国家基金。比如功能的合作创造和美学的合作创造对消费的影响。

任何新兴学科的出现，都有其广阔而深远的社会背景。创意管理学的兴起，与第二次文艺复兴息息相关。创意管理学本质上属于企业管理学范畴，作为一种新兴的管理现象所隐含的创意管理问题，现有的企业管理理论却难以给予充分的解释。

从演变历史来看，企业管理理论经历了古典管理理论、现代管理理论到当代管理理论的发展变化。我们注意到，现有的企业管理理论是以工业时代为背景，以技术创新为取向发展起来的，其主要特点是效率和系统。成本导向的效率恰恰导致手工、民间艺术等生存空间的消失，而讲究集成的系统则抹杀了文化的个性，批量生产的同质化产品无法体现出创意产品的灵魂性和新颖性。后工业时代发生了重要变革，从社会的变革到企业的变革、人的变革，在变革中企业管理的实践和理论面临重构，新当代管理理论有待创造性地建立。

我认为，新当代管理理论是当代管理理论在第二次文艺复兴背景下新的发展，是当代管理理论建构在文化资本上的一种理论创新。其中，人文创造、创意产品、文化企业家等是新当代管理理论的重要特征。新当代管理理论面对的一个重要事实是，文化要素成为经济增长新的要素，文化资本成为经济增长新的动力。源于文化并通过创意而形成的文化资本，正在从宏观、中观和微观层面形成经济增长新的驱动力。而随着文化资本成为经济增长新的驱动力，新当代管理理论的一个重要内容就是创意管理学的形成与发展。

4.创意管理学科发展

在创意管理学科发展方面，首先要界定什么是创意管理学？我认为创意管理学是从微观管理角度系统研究创意管理活动的基本规律和一般方法的一门科学。以管理学研究方法为基础。创意管理学不同于文化管理学或艺术管理学。创意管理学是以文化或艺术为基础，以文化创意或创意为主要研究对象，以创意的商业化实现为核心研究内容。由此产生创意的计划、组织、领导和控制。

从学科层面来看创意管理学的发展，以英国为代表，已经形成了较为完整的创意产业管理的研究生学科体系。具有跨学科的视角，立足于文化传媒学科。以英国利兹大学创意产业管理硕士专业为例，开设的课程主要有艺术管理、文化批判、文化政策、企业咨询、创作、观众体验等。而立足微观管理视角的创意产品开发、创意运营管理、创意产品营销等核心课程则是缺失或不同程度缺乏的,相应更缺乏工商管理的研究方法支撑。国际上缺乏管理学意义的创意管理体系,国内处于起步中。其广阔的发展空间,亟须管理学者的关注和研究。

谢谢大家,以上是我的分享《创意管理学探索》的内容。我们期待对创意管理的关注可能就像20年前对创新管理的关注一样,值得期待。

(六)《创意管理评论》英文期刊创刊设想——英国埃克塞特大学李伯一教授

谢谢杨永忠教授的邀请,并建议我做这个报告,这也是我非常感兴趣的一件事情。

1.The journal is needed

我想简单介绍一下为什么需要有创意管理学专门的期刊。创意管理学需要特别考虑创意管理学不仅仅是几个学科的叠加,单纯的叠加会产生一些逻辑的冲突,要考虑相互矛盾的观点的碰撞。举个反例,在管理学中,战略管理一直讲波特五力,他虽然是大师,但是管理学现在没有理论的突破,我们需要更多的创新和突破,不同的理论之间能不能共鸣,能不能作为管理学的一个突破点,创意管理学就是这个突破点。

随着创意管理学的发展,国内外对这门新兴学科的重视程度增加,对有这样的一部期刊呼声很高。年轻学者所处的学术环境不友好,我们需要有个学术论坛、期刊以获得更好的自由发挥的空间,尤其是在中国情境下。我们做的不仅是把场景放在中国场景,我们还要把英文作为一个工具,我们的知识不能被语言耽误,我们不能因为母语不是英语而放弃发表我们的真知灼见。我们的期刊就是个转化器,转化的不仅仅是语言更是见解。

在国际上鲜有类似的专门针对创意管理的英文期刊,所以我们希望能创立一个期刊,期刊的名字暂定为*Creative Management Journal*,期刊更多偏向于实证,用数据、方法论以及新的理论来验证,会更直观。

2. What the journal is

我们需要去了解在西方情境下，如何创作一个英语期刊。需要关注一个期刊的重要信息，比如 Cite Score（引用的数据），Impact Factor（影响因子），Acceptance Rate（接收率），Time to 1st Decision & Time to Publication（投稿到发表的时间）。这些重要的信息点，推荐个网站 journalfinder.elsevier.com，可以对此有所帮助。

举一个竞品期刊 *Poetics* 的例子，他们关注 Psychological perceptions on art and cultural product/process/services，他们有三个老师作为主编，以及十几位编辑。主编对期刊方向把握，包括期刊发文质量、数量、被接受比率、期刊喜好风格等关键决策。我们期刊的名字叫作 *Creative Management Journal*，更多偏向于实证，从数据、方法论等方面发文。我们希望做不同语言的、跨文化的，但是学术建构无障碍的、高质量的学术论文的平台。

新的期刊需要有自己的 Subject Codes、ASJC（All Science Journal Classification Codes），找到自己的学术定位。比如，会计、商业与国际管理、管理信息系统、技术与创新管理、市场营销、组织行为学、人力资源管理、战略和经营、旅游管理、酒店管理等，都是社会科学和人类学范畴。

要满足 Key Journal-Level Metrics 有四个重要指标：一是 Cite Score Metrics。核心指标：前三年出版物在某一年被引用次数的平均数除以前三年出版物的总数。二是，SCImago Journal Rank（SJR）。类似于谷歌 Page Rank 算法，即该算法假定重要网站与其他重要网站链接。三是 Source Normalized Impact per Paper（SNIP）。SNIP 测量了上下文引用的影响，并能够直接比较不同学科领域的期刊，因为单一引用的价值对于那些被引用的可能性较小的领域的期刊来说更大，反之亦然。四是 Journal Impact Factor（JIF），指标计算方法为某一年收到的引文与期刊前两年出版物（与期刊相关，但不一定与特定出版物相关）之和的平均值，除以前两年“可考虑的”出版物之和。

3. Journal title suggestions（SCOPUS）

作为一种新期刊，我们首要目标是进入 Scopus 数据库。这个数据库是由全球著名出版商爱思唯尔(Elsevier)研发,收录了来自全球 5 000 余家出版社的近 20 500 种来源文献,是一个文摘和索引数据库,它为科研人员提供一站式获取科技文献的平台。内容包括:19 500 种同行评审期刊,其中包括 1 900 种开放存取期刊;Scopus 的学科分类体系涵盖了 27 个学科,这 27 个学科被归为四大门类:生命科学(4 300 余种)、社会科学与人文艺术(5 300 余种)、自然科学(7 200余种)、医学(6 800 余种,全面覆盖 Medline)。

这个数据库是有一定门槛的,打个比方,期刊进入这个数据库,好比企业进行上市。最低标准要满足以下五点:一是标题应该发布同行评议的内容。二是名称应定期公布(即由国际服务协会国际中心确认)。三是标题应该有英文摘要和文章标题。四是标题应该有罗马字体的参考。五是标题应该在其网站上以英文提供出版物的伦理和出版物的不当行为陈述。

4.商业模式

期刊的商业模式,主流的有两种:Subscription 和 Access。Subscription 即订阅,出版商通过发表协议书从作者处取得版权,然后采用出版商收费,读者付费或者读者的机构付费的模式。Access 方面,现在学术界正在转型,有很多学科实行 Open Access 的模式,因为学术本身的公共性,不能被商业机构垄断,所以这是一种新的机制。作为作者或者作者单位去支付从递交到出版中间的处理成本。出版商就会把这篇文章在数据库里公开。

最后,关于 Open Access,我首先推荐用 Springer Link 的开源网站。其次还有其他的几个网站,如 Emerald Publishing,Elsevier Partnership。最后也可以是现阶段的出版社合作提供的 publishing service。谢谢大家。

(七)创意的营销管理问题——华侨大学杨洪涛教授

我本人一直都在市场营销、创业管理领域以及企业营销培训三个方面进行教学和研究,非常感谢杨永忠教授邀请我来做这个分享,让我从营销的角度谈谈创意的营销管理问题。

1.创意产品、创意管理与创意营销管理

首先看两个案例让我们理解下什么是短视频创意营销。

李子柒，她身着中国传统服饰，在山间汲泉水，在菜地摘时蔬，在幽静的院落里烹饪传统美食。这个四川女孩李子柒，已成为国际网红。而另一个网红大咖李佳琦告诉你，涂了这支口红，你就会变成“公主”“少女感满满”“不老气”“女主人气质”“贵妇”。李佳琦 PK 马云，直播五分钟卖掉 15 000 支口红成为带货大王。你们认为他们俩是不是短视频创意营销管理的达人？

现在让我们来理解下创意产品的概念。英国的创意经济学家约翰·霍金斯在《创意经济——如何点石成金》一书中提道：创意就是催生某种新事物的能力。创意就是指有创造性的想法、构思等。创意产品一般是指以文化、创意为核心，运用知识和技术，将创意灵感加以物化的产品。约翰·霍金斯认为存在两类不同的创意：

第一类是出于人类探索新事物的一种共同本性形成的创意；第二类是导向制造创意产品、形成创意产业的创意。目前，管理学和经济学研究的创意基本都是霍金斯所指的第二类创意，即导向创意产品的创意。而创意管理则是融合创意组织化、资本化、产品化、市场化的过程，一个创意的成功与否在很大程度上取决于创意管理的水平。

2.创意产品营销

近年来文化创意商品成为主流的市场商品，特别是流行时尚商品都成为媒体的主流话题之一，国内具有地方特色的商家也纷纷利用此机会推出商品营销。然而许多标榜文化创意的商品，不是缺乏创意，就是有味道但却不成商品。许多商品仅是将文化图腾直接置入现有商品（如马克杯、文具、包包等），甚至还有的是手工概念作品。似乎这些商家忘了他的消费者是谁？需求又为何？先暂且不讨论商品的生产、定价、渠道等管理问题，从消费者的角度来看，究竟消费者的消费动机在哪？又是怎样的文创商品才会让消费者买单？当品牌企图导入文化创意的营销策略时，当然必须尽力将品牌打造成符合消费者对于文创商品的期待，在此提出下列五个注意要点：

第一，消费行为是一种情感运作。消费者对文化商品的消费行为是一种文化或情境的情愫发酵，消费地方文创商品时，可以将当地的人文背景带回家里。

第二，消费行为是一种心理价值比较。消费者选购文化创意商品会就商品所带的意涵进行比较，包括品牌价值、定位，或是商品本身的故事性。

第三，知名品牌不是永远的选择。现在许多知名品牌甚至科技品牌也纷纷推出文创商品，然而文创市场讲的是人文文化与创意，因此这些已经在消费者心中定型的大品牌不见得会是赢家。

第四，消费动机来自被影响。口碑营销一直是消费行为最重要的一环，尤其目前网络社群的大浪潮，更带动了群体的购买动机。因此品牌及商品的无形价值，都可以在事前经由消费社群的运作来形塑创造。

第五，消费不只是为消费。当前有一种追求时尚商品的新消费趋势正蔓延开来，其动机不在民生需求，也不在物质的享受，而是议题的认同，甚至社交功能的衍生，文创商品在这方面更是能发挥这种效应。

所以我认为文创营销可分为三步走：第一步，产品辐射强烈的感染力，本身就是最佳营销策略。第二步，定价策略契合经济环境与消费者心态，方能具备在商业战争中胜出的市场力。第三步，推广始终来自人性，“人”才是文创产业的最佳媒体。

感谢大家，以上是我的分享内容！感谢给我这个机会结合营销的理论谈谈创意的营销管理问题，创意的营销是创意管理的一个重要环节，希望我们共同努力使创意管理发展得更好！

二、国际创意管理前沿教材建设启动

本次会议对国际创意管理前沿教材的建设进行了专题研讨。清华大学出版社经管与人文社科分社经管事业部刘志彬主任与国际创意管理专委会主任杨永忠教授为教材战略合作出版签约，刘志彬主任发表了《如何开发基于互联网的新形态教材》的报告。蒙特利尔高等商学院访问学者林明华副教授、西华大学陈睿副主任分别对创意管理教学进行了主题发言。根据现场发言及会议资料整理概要如下。

(一)如何开发基于互联网的新形态教材——清华大学出版社刘志彬主任

教育部高教司司长吴岩提出“要努力打造三金:金专、金课、金师。教学改革改到深处是课程,改到痛处是教师,改到实处是教材”的重要指示,我们清华大学出版社也着重打造立体化教材,即在文中加入任何可以辅助教学的材料,以二维码的形式体现出来,可以是客观题(具体要求见题库要求)、音频、视频、动画、PDF或者Word文档等。

这是我们的样书封面和底面,大家可以看到底面有个刮刮卡防盗码,一书一个。如果是设计的音频视频可以告诉我们脚本,我们进行后期的在线开发。

我们将进行创意管理系列教材的开发,按照新一代立体化教材推进,保证先进性,希望这套教材:

1.讨论学科的内涵和外延:创意、创新、创业。

2.关注学科基础课和选修课。

3.首先建设基础课,要求讲过两轮以上。

4.明确知识点体系。

5.延伸配套资源开发。

(二)海外艺术管理专业发展与培养体系——蒙特利尔高等商学院访问学者林明华副教授

创意管理是针对创意的管理,是针对创意的计划、组织、领导和控制,但又离不开和其他生产要素的有机结合。创意管理专业是培养创意管理人才特别是艺术管理人才的专业。20世纪中后期,艺术管理在英美等西方发达国家逐渐成为一个新兴领域。通过对美国、英国、加拿大艺术管理专业的分析研究,我想提出我国对创意管理专业发展的四点启示:

1.专业学历层次

培养专业硕士为切入点,优先发展研究生教育。

2.培养目标

结合学校专业优势,形成本校创意管理专业特色。

3.课程设置

纳入学分制；成为管理、经济类基础课程。

4.师资

实行学校专任教师＋产业实践人士模式。

（三）创意管理本科培养方案构想——西华大学陈睿副主任

创意管理本科专业的培养目标与要求建议为培养具备社会主义核心价值观，系统掌握管理学、传播学、文学及文化创意基本理论与知识；具有宽阔的文化视野和较强的文化理解力，具备较强的文化创意、策划和沟通表达能力，较强的产业运营与管理能力；具有人文精神和科学素养；能够在各类文化企业、政府文化管理部门、文化事业单位等从事文化产品创意开发、文化市场运营、新媒体传播等工作的应用型、复合型专业人才。

创意管理本科专业的基本定位：以创意管理为基本导向，多学科交叉融合支撑，实践应用导向。

支撑性学科：管理学、哲学（美学）、传播学、文学、艺术学、设计学、历史学、法学（知识产权）、计算机科学。

专业核心课程：管理学原理、管理学研究方法、市场调查方法、创意管理学、创意产品开发理论与实务、创意产品运营理论与实务等。

（四）会议共识

会上各位专家学者一致认可教材要强调国际视野，以文化创意或创意为主要研究对象，以管理学方法为主要研究工具。由国际创意管理专委会主任杨永忠教授担任教材总主编，清华大学出版社将对教材进行重点打造，专人负责，力争形成国内精品教材。教材采取三级遴选，由本人申请、专委会审核、出版社评选，教材选择优先面向专委会委员。会上专委会委员汇报了教材选题思路、出版计划具体内容见表1。

表1　创意管理教材选题思路

项目	详细内容
作者	郑超 讲师 广西艺术学院
内容简介	本书从创意管理学的角度出发，依托多年的教学实践与现有的教育资源，对物质文化在艺术专业的教学实践创新进行探索和总结，提出了以文化遗产资源融入创意，构建一套集品牌设计、文创产品创意和传播推广于一体的课程教学实践理念，以此活化本土物质文化遗产
教材名	乡村旅游创意管理
作者	孙永龙 副教授 西部民族大学
内容简介	本书基于文化创意理论与管理学理论提出乡村旅游创意理念、思路以及乡村旅游创意管理理论，详细分析了乡村旅游与文化创意、乡村旅游创意阶层、乡村旅游创意消费者、乡村旅游创意价值生成模式、乡村旅游创意发展机制、乡村旅游创意产品、乡村旅游创意品牌管理、乡村旅游创意中政府职责与政策保障等
教材名	旅游创意管理
作者	孙永龙 副教授 西部民族大学
内容简介	本书基于管理学理论和创意管理理论提出旅游创意管理的基本理念和思路，详细分析了旅游创意组织、旅游创意中的游客、旅游创意市场培育及发展、旅游创意资源、旅游创意产品、旅游创意营销、旅游创意的人力资源管理、创意视角下的旅游发展模式，并创新性地将旅游创意产品分为旅游创意纪念品、旅游创意街区、旅游创意园区、旅游演艺产品、红色旅游创意产品、博物馆文化创意产品和旅游创意城市，强调政府、企业、社会及游客共同致力于旅游创意产品的生产与消费
教材名	区块链创意管理
作者	黄杰阳 副编审 海峡出版发行集团
内容简介	介绍区块链原理、发展历史，共识算法，应用密码学等。 区块链的应用部分：(1)存证及版权应用，包括版权区块链、文化创意版权保护、艺术品防伪溯源。(2)通证应用，包括文化艺术品交易。(3)供应链金融——区块链赋能文化集团运作，赋能新零售。(4)互联网文创应用，包括区块链赋能网络游戏、赋能网络文学 创意链：打造文化产业跨企业跨地域区块链的一个设想；创意链赋能媒体融合发展，让各类创意通过区块链得到社会承认
教材名	企业创意管理案例教材
作者	杨永忠教授、吴昊研究员 四川大学

续表

项目	详细内容
内容简介	本书是一本教学案例集,主要面向 MBA
	本书的基本逻辑是:从众多企业在创意管理实践中发生的问题、遭遇的阻碍、面临的决策,来思考和研究创意管理理念是如何生长的,来观测企业是如何在纷繁复杂的管理情境中抉择的,从而培养学生思考和解决问题的能力
	教学案例的选题集中在:创意产品开发、创意企业运营、创意产品营销、创意产品价值评估和文化企业家行为等五大创意管理领域
教材名	企业创意管理绩效评价
作者	尹翀 副研究员 齐鲁工业大学
内容简介	基于创意价值链结构特征分析,探索企业创意管理绩效评价理论模型与方法应用,建立创意管理绩效的综合评价体系。从创意组织与团队特征,创意资源开发,创意管理决策过程与路径,创意运营模式,创意营销策略以及创意融资方式等方面对企业创意价值创造效果和创意管理绩效进行综合评价。初步考虑本书架构包括:(1)介绍企业创意管理绩效评价的需求、目标与意义;(2)介绍当前企业创意管理绩效评价的国内外研究与发展现状;(3)介绍基于创意价值链结构特征的企业创意管理绩效评价理论分析;(4)介绍企业创意管理绩效的评价模型及其构建方法;(5)介绍企业创意管理绩效评价的综合性指标体系;(6)介绍应用实例和实证分析的主要结果
教材名	创意管理
作者	李伯一 助理教授 英国埃克塞特大学
内容简介	1. Creative, Creativity and Culture: Conceptual Definitions; 2. Managing Creativity in Organizations; 3. Creativity and Innovation; 4. Leadership and Strategic Change.
教材名	品牌传播创意实验:策略、流程与工具
作者	肖阳 教授 福州大学

续表

项目	详细内容
内容简介	品牌传播策划实验，以客户为中心，基于顾客价值角度，侧重于品牌创意表现和传播策划策略与方法，目前国内尚无同类实验教材，因此该教材编写有明显创新性，本实验教材将重点编制设计实验大纲、项目训练方案、实验流程标准化文件，并按照品牌传播企划的流程和关键环节，进行分章节的实验项目设计和个案训练设计。在实验过程中，教师将采取全程指导，结合相关设计实例讲解，指导各个小组按照规定要求完成
	实验教材涉及的内容主要包括：在市场调研的基础上，从品牌定位策略、品牌命名创意、品牌个性、品牌形象要素及创意表现、品牌形象应用系统、传播工具选择与组合、品牌传播策划的流程与规划技巧、品牌一体化传播策略设计等角度进行全程模拟，进而制定出系统的品牌传播管理方案
	教材规划的内容体系合理，内容设计既有一般企划作业的标准化模式和应用工具（流程图、操作模板、表单等）指导，同时将给予学习者较大的自主学习和知识运用能力的拓展空间；各章实验内容将突出实践性和操作性，项目实验侧重于团队合作模式
教材名	创意消费市场调研实务
作者	林明华 访问学者 蒙特利尔高等商学院
内容简介	以调研项目为导向，通过案例，全面系统阐述创意的市场调研理论和实操过程、步骤。主要内容有：市场调查方法、方案撰写、数据收集载体的撰写、数据收集执行、数据处理方法与解读、调研报告的撰写、调研报告的汇报与项目总结
教材名	生活美学创意品牌案例
作者	陈彧副教授、陈睿讲师 西华大学
内容简介	在文化创意产业领域，生活美学潮流兴起，“生活美学品牌”成为新时尚。这当中，既有文化浪潮的更替与嬗变，也有消费方式的转型与升级。本书拟在欧美、日本以及我国当前的文化创意领域中，选取一批（30个左右）“生活美学品牌”典型案例（主要涉及媒介故事、文创产品、文旅空间等几个领域），从生活美学特征、策划创意路径、品牌文化建构等几个层面，对其进行扫描与剖析。并在案例分析的基础上，梳理出生活美学与创意品牌之间的对接路径与融合逻辑，为当下的文化创意品牌建设提供策略支持
教材名	新媒体内容创意与运营
作者	冯兆讲师、陈睿讲师 西华大学

续表

项目	详细内容
内容简介	本书关注新媒体内容层面的生产与传播，在传播学的理论基础上，探讨新媒体工作者如何在找准受众、读懂市场、熟悉技术的基础上进行内容生产，并最终实现新媒体内容传播效果的最优化。本书选取最新鲜最前沿的案例辅助理论分析，同时力求文字简洁、内容浓缩，易于理解，对相关实践工作具备指导意义。本书可作为普通高等学校传媒专业学生的教材，亦可作为业内人士的参考用书
教材名	创意产品复合价值的评价
作者	李沃源 副教授 内蒙古大学
内容简介	创意具有多属性、多维度的价值结构特征。然而，从目前关于创意价值的研究进展来看，依然存在两个问题亟须解决：一是如何将创意的多种价值属性（如美学价值、象征价值、文化价值、社会意义等）进行梳理和概括，提炼成为几个关键的价值属性，使之既能较为全面的涵盖创意的多种价值属性，又能体现创意及创意产业的价值特点；二是如何能够将反映创意不同价值特征的几种价值属性整合在一起进行综合评价，其目的是能够从整体上对创意产品的价值做出全面、准确的判断和评价。解决上述问题对揭示创意价值的本质特征及对创意价值的判断具有非常重要的理论意义和现实意义
教材名	CHINESE HANDICRAFTS AND CREATIVE MANAGEMENT
作者	莫辛 讲师 乐山师范大学
内容简介	Handicraft products are extensively produced throughout China since long. The production of these products has created income and employment generation for many families as well as social wellbeing and maintained traditional cultural values. China is a topmost strong global player in the creative economy, according to the UNESCO Creative Economy Outlook Report (2018), China is ranked number 1 among the top 10 exporters of handicrafts worldwide. This book focuses on the current development of Chinese handicrafts and creative economy particularly, Handicrafts.
教材名	创意营销十步流程
作者	杨洪涛 教授 华侨大学
内容简介	本书可作为广大有创业意向的学生和广大创业者与准创业者创业营销实践的指导教材。从产品创意到成功营销的十步管理流程。以实践导向为定位，以具体创业管理的十步管理流程为撰写逻辑，力求生动通俗、案例众多、图表匹配，与慕课配套

续表

项目	详细内容
教材名	文化创意产品贸易相关问题研究
作者	张望 博士后 南京农业大学
内容简介	文化距离文化产品贸易目的地选择;文化产品贸易、融资成本与文化产品二元边际;制度质量与文化产品贸易方式转变;文化产品出口质量变迁
教材名	全球文化创意企业管理案例精选
作者	臧志彭 副教授 华东政法大学
内容简介	依托《全球文化创意产业上市公司发展报告》(中国社会科学出版社 2019 年),精选全球文化创意产业中的优秀企业进行管理模式、商业模式的分析解读
教材名	符号帝国:影视创意文化产业研究
作者	王立新 教授 重庆大学
内容简介	读图时代,影像符号成为文化表意最重要的方式之一,影视艺术在当代文化体系中的地位举足轻重。本书从以符号学视角进行产业理论研究,指出需要加强运用符号学理论,尤其近年来涌现的新符号学阐释理论,以全面认知影视产业符号系统。实际上,这些符号系统早已在许多成功的影视剧与节目创作中加以运用。本书结合艺术学和文化产业理论,全面总结影视创意产业符号学方法论,并以此展开对一系列重要影视文化产业创意类型的探讨
教材名	原始型创意人才特征及培养模式研究
作者	方竹兰 教授 中国人民大学
内容简介	从思维模式和行为模式两个方面探讨原始型创意人才的成长路径,探讨如何深化改革,建立原始型创意人才成长生态
教材名	机器人产业创意与管理
作者	徐光平 董事长 北京中安吉泰科技有限公司
内容简介	主要讲述如何乘着国家 2025 中国制造战略的东风开拓能源领域机器人产业

三、三家店·中安吉泰中国创意管理学奖设立

三家店·中安吉泰中国创意管理学奖是由北京中安吉泰科技有限公司徐

光平董事长赞助、四川大学创意管理研究所所长杨永忠教授倡议的在创意管理学领域首次执行的激励性奖项，旨在鼓励探索创意管理学发展规律，促进中国创意管理学科创新性发展，推动国际创意管理中国学派建设。

本次会议确定了三家店·中安吉泰中国创意管理学奖的评选办法。评奖范围为海内外从事创意管理学研究的学者，以中国学者为主体。三家店·中安吉泰中国创意管理学奖设创意管理学前沿探索奖、创意管理学国际贡献奖、创意管理人格奖三个评选奖项。其中，创意管理学前沿探索奖用于奖励在创意管理学领域做出前沿探索的国内学者，评选标准为在国内外重要刊物发表论文或出版专著，填补了创意管理理论研究空白；推动高校创意管理学科建设，取得卓越成绩；通过创造性转化，在指导创意管理的实践中具有广泛社会影响。创意管理学国际贡献奖用于奖励在创意管理学领域做出杰出贡献的海外学者，评选标准为在国际创意管理学领域提出创新性理论，对全球创意管理学的发展做出突出贡献。创意管理人格奖用于奖励创意管理实践领域的国内杰出企业，评选标准为产品创意具有真实性；产品彰显了原创者（创作者）的人格魅力；产品产生了榜样的力量。三家店·中安吉泰中国创意管理学奖将按照公正、公开、公平原则，通过评选委员会初评、复评及终评，确定最终奖项，于2020年首次公开颁奖。

会议宣布第二届国际创意管理专委会将于2020年在同济大学举办，解学芳教授代表承办单位进行了致辞。

四、会议总结

杨永忠教授在本次国际创意管理专委会成立仪式暨国际创意管理前沿教材建设研讨会总结中提出，创意管理探讨的是创意的商业化实现方式，国际创意管理专委会将立足中国源远流长的文化，推进文化资源的全球价值转化。他说到，“把创意写在大地上，希望专委会不仅是一个学术性机构，更是一个学术旅行组织”。本次会议的成功举行，不仅成立了国际创意管理专委会，将我国创意管理学的发展更推进一步,促进中国创意管理学的建设,加快形成国际创意管理中国学派。社会各界对国际创意管理前沿教材建设的重视与推动,对创意管理学科体系建设和创意管理学学科教育建设都具有举足轻重的作用。三家店·中安吉泰中国创意管理学奖的设立,将推动海内外专家学者和企业在创意管理学领域继续深耕,创造新的价值。我们欣喜地看到,创意管理学从起初的"星星之火",通过来自社会各界的"众人拾柴",已逐渐发展为"燎原之势"。我们更相信在一代代专家学者付出心血、薪火相传下,这"火"将生生不息。

创意中国:新时代、新思维、新发展

——第三届中国创意管理高峰论坛会议综述[①]

◎ 高长春　黄心洁[②]

2019年11月2日,由东华大学旭日工商管理学院和中国创意管理联盟(成都)共同主办,由上海市人民政府发展研究中心——东华大学“城市创意经济与创新服务”智库基地和东华大学“MBA教育中心”等联合承办的第三届中国创意管理高峰论坛,在上海市东华大学(延安路校区)隆重举行。

一、论坛开幕式:专业+前沿——创意产业新时代

作为中国创意产业领域的重要盛会,此次第三届中国创意管理高峰论坛以“创意中国:新时代、新思维、新发展”为主题,从多维度聚焦创意产业流行趋势,探析创意产业跨界可能,进一步向人工智能、区块链、物联网等核心热点问题延展,吸引了来自境内外、多方产业链的专家和学者,为促进创意产业与科技、文

① 专家观点系会议录音和发言资料整理,未经专家审阅。

② 高长春,东华大学教授,研究方向为创意产业、国际贸易,电子邮箱为 gcc369@dhu.edu.cn。黄心洁,东华大学硕士,研究方向为创意产业、国际贸易,电子邮箱为 huangxinjie5@163.com。

化深度融合，推动区域一体化建设，创意经济繁荣发展，赋能加权。

11月2日，第三届中国创意管理高峰论坛开幕当天，中国工程院院士、东华大学校长俞建勇；上海财经大学常务副校长徐飞；上海市人民政府发展研究中心社会文化处处长吴苏贵，四川省文化产业促进中心主任傅兆勤进行了会议致辞。特邀嘉宾——现任民建中央副主席、全国政协常务委员周汉民做大会主旨演讲。

俞建勇在致辞中向各位专家的到来表示欢迎和感谢，他指出，在创意经济浪潮席卷全球、创意产业以前所未有的速度崛起的历史背景下，东华大学紧紧围绕上海建设具有全球影响力的科技创新中心和社会主义现代化国际大都市的发展需要，积极服务时尚创意产业发展和上海国际时尚之都建设。他认为，中国创意管理高峰论坛的规模和影响力不断扩大，已成为国内创意管理领域交流思想、分享经验、传递信息、促进合作的品牌活动。他希望与会专家能对东华大学的创意领域的学科建设、人才培养、科学研究提出宝贵意见和建议。

周汉民在主旨演讲中指出：卓越的创意管理总是伴随着伟大的时代和伟大的事件，一个好的创意应具备三个标准，创意的来源本身应该是真实的，创意应该是可具体实施的，创意应该是被大多数人公认有价值的。“创意产业和创意管理在中国的发展应坚守‘以人为本、科技创新、文化多元、合作共赢、面向未来’五条准则。”他希望，“中国创意管理联盟能充分利用这一平台，推动中国各地区的创意文化交流，努力促进创意产业蓬勃发展、走向世界。”最后他从学术探讨的角度认为创意管理强调的是创意，并辅之以必要的管理，最好的管理是法制，我们还应进一步继续努力理清创意和管理的关系，期望中国创意管理联盟能够推动创意行业规则和相关条例的制定。同时在为期一天共计六场的峰会论坛的演讲环节，20余位来自政、产、学、研以及媒体和时尚行业等多方核心人员，分享了对于创意产业未来成长的思考与探索。

在此次高峰论坛举办期间，主论坛对创意产业进行了全方位、多角度的剖析与解读，两大分论坛也分别就“创意产业的融合创新”和“县域文化产业发展和乡村文化振兴”问题进行了深入探讨。

二、主论坛:嘉宾分享——创意产业新思维

(一)主题演讲一:创新创意思维与战略发展

1.国家故宫博物院副院长任万平女士:涵古润今——以故宫博物院的文创为例

故宫文创一直坚持“文化+设计”“文化+科技”的设计理念。拥有包括但不限于“千里江山图”“艺想丹青”“VR体验养心殿”等特色文创产品和服务,让消费者真正做到“把故宫文化带回家”。

2.复旦大学东方管理研究院院长苏勇:互联网时代创意企业的组织新生态

互联网时代带来了人与物、大数据、工作方式等方面的剧变,如何给员工赋能,打破企业边界,实现互联网时代企业能力创新,将成为行业发展的关键。

3.台湾实践大学管理学院创意产业博士班所长谢明宏:电影产业的创意组合——社会网络理论的应用

鼓励师生走向社会,担任创意产业咨询师或管理顾问。介绍了其研究团队关于“创意组合”对电影产业影响的最新研究成果。

4.上海财经大学长三角与长江经济带发展研究院执行院长张学良:长三角一体化创新创业发展的思考

在“长三角一体化”质量发展进入新阶段背景下,江南为“长三角一体化”提供了文化基础、物质基础与使命担当,并对“长三角一体化”创新创业发展进行了探讨。

5.华东师范大学城市与区域规划研究院院长曾刚:长三角城市协同发展能力评价及其提升策略研究

要把握时代机遇、实现时代期待。在会上分享了其构建的“长三角城市一体化”的评价方法,并就现状提出了政策建议。

6.中国台湾设计师巫永坚:文化创意助力乡村振兴

以从业经历为切入点,介绍了"海宝"和"血宝"的设计理念和来源,展示了他利用创意助力献血、教育以及乡村改造的案例。

7.上海市人民政府—东华大学"城市创意经济与创新服务"研究基地主任高长春教授:大创意思维战略与创意产业空间优化选择

立足国策,从多方面向与会来宾介绍了其关于"大创意思维战略与创意产业空间优化选择"和机理和案例分析。

(二)主题演讲二:创意管理与数字生活

1.四川大学创意管理研究所所长杨永忠:创意管理学建构的若干问题

创意产业是人文科学和社会科学的融合,是 idea 和 creative 的差别,要关注创意管理黑箱,把握其发展脉络,从实践到理论展开创意管理探索和政产学研的共同创造。

2.上海懿天湾文化发展有限公司总监陈邦伟:时尚创意中的形象与印象艺术

时尚和创意不仅仅是一门产业,更是一门艺术,一种生活态度。我们要汲取这种生活态度,将时尚概念引入服装和日常穿搭。

3.喜临门家具股份有限公司总裁杨刚:传统床垫产品的数字化创新与创意反思

作为喜临门智能床垫发展的见证者,我必须告诉大家把"创意概念"引入生产时,切忌臆想"用户伪需求",要相信星星之火可以燎原。

4.中央民族大学经济学院教授解树江:如何打造文旅品牌

中国文旅企业存在着"强势发展"与"弱势品牌"的矛盾,当前文旅融合的趋势愈加明显。中国企业要向华为学习,提升中国品牌的国际话语权。

(三)主题演讲三:创意智慧重塑城市与乡村形象

1.东华大学旭日工商管理学院副院长张科静:基于设计思维的创新

东华大学一直将设计理念与思维纳入课程培养体系,提出了设计的创新在于思维的创新,设计者应培养自身思维创新的能力,同时洞察消费者需求。

2.北京邮电大学国际交流学院院长陈岩:智能服务与创意产业高质量发展

在当前智能服务,万物互联的大数据时代背景下,要把握时代发展机遇,推动创意产业新赋能。

3.同济大学经济与管理学院教授陈强:环同济知识经济圈的新时代发展方略

迄今为止,环同济知识经济圈已经创造了巨大产值,为地方经济与学校学科共同发展提供了范例,未来同济会进一步关注行业供需变化,为创意产业发展提供动力。

4.山东大学经济学院教授张东辉:文化创意产业在山东发展的现状与展望

根植于齐鲁大地的深厚历史底蕴和文化基因是山东省文化创意产业的发展基石和动力源泉。

5.上海马克沪设计师平台创始人姚旭:文化创意赋能乡村旅游发展——山西大汖村旅游升级规划案例分享

大汖村乡村旅游示范区,将文化创意与乡村旅游相结合,把田园感与现代感相结合,生动地展示了如何把乡村旅游变成一本可读的书。

(四)主题演讲四:艺术视野与文化创意实践

1.同济大学人文学院文化产业系教授解学芳:智能时代文化创意产业发展新趋势

人工智能对创意产业的发展体现在5个维度的变化,分别是:第一,从“互联网赋权”到“AI赋能”;第二,从“数字化”到网络化、数据化;第三,从规模导向到创新驱动；第四，从“选择性介入”到“全面入侵”；第五，从内容危机到主题创新危机。

2.星汇湾（横琴）文化传播有限公司董事长唐左：艺术电影市场化的几点思考——电影《一春》的创意实践

艺术电影难逃曲高和寡的现象，如何实现市场化和艺术化的兼容，值得我们思考。目前全国已经有艺术电影市场化的趋势，我司《一春》电影的实践，将坚持小而美的创作方式，未来或与阿里等互联网平台建立合作关系。

3.广东省东莞市文化产业发展促进会监事、好合苑文化创意集团董事长杨琦兰：走出博物馆的创意文化

创意产业发展至今已经经历了从文创 1.0 到文创 5.0 的变革，在政策变革下，借助文创产品，帮助消费者把历史文化带回家，或成为博物馆未来发展的可行方向。

4.东华大学服装与艺术设计学院产品设计系教授吴翔：上海都市公共设计的面向

深入介绍了公共设计的范畴、边界，以徐汇路步行街系统设计、愚园路街道形象改造为案例，介绍了未来上海市公共设计的发展趋势。

5.浙江工商大学国际商务研究院执行院长刘文革：企业家创意与价值创造

应从创商、智商、情商、爱商、博商、逆商六个角度来提高企业家精神，引领企业在市场竞争中不断迈向新台阶，为社会创造更多的价值。

三、论坛闭幕式：时尚＋未来——创意产业新发展

论坛闭幕式上，作为主办方代表，本届论坛的首席专家和智库基地主任——东华大学高长春教授对本次论坛的内容做出了总结和展望。据高长春介绍，“此次论坛的 LOGO 由东华大学服装与艺术设计学院环境设计系系主任彭波亲自设计，融合了中国的传统文化和现代设计理念，LOGO 的外形非常像中国汉字的‘管’字，设计体现了创意管理高峰论坛的精神——创意和管理的高

度融合创新。”

同时,由东华大学服装与艺术设计学院许旭兵教授设计的“褶皱时尚与创意技术时装发布会”也于论坛当晚揭开帷幕。美轮美奂的时装走秀与上海独具特色的时尚气息融为一体,给与会嘉宾带来了一场视听盛宴。至此,第三届中国创意管理高峰论坛圆满结束,未来中国创意管理联盟将会继续致力于拓展创意产业研究范畴,带动更多的院校和业内人士参与,为创意产业赋能加权,推动创意产业繁荣发展。

在中国创意管理联盟主持下,东华大学与对外经贸大学展开了第四届中国创意管理论坛的交接仪式。大会授予傅兆勤主任、杨永忠教授、高长春教授“创意管理杰出推动奖”。根据周汉民先生的倡议,经联盟主席杨永忠征求主席团成员意见,同意将 2017 年在成都发起成立的中国创意管理成都联盟更名为中国创意管理联盟。

书　评

Book Review

构建创意管理学的理论框架和研究体系

——《创意管理学导论》书评

◎ 吴承忠[①]

记得初次见到杨永忠教授，大约是在五年前的北大文化产业新年论坛上。随后不久，我便收到了永忠老师赠送的《创意产品开发模式》一书。再后来，杨教授又邀请我参加中国创意管理前沿研究系列丛书的编委会。2016 年的冬天，我和他在北京一家餐馆聚谈甚欢，此次聚会被我在朋友圈戏称为“南北二忠”全会。2017 年秋，由杨教授发起的第一届中国创意管理论坛在川大召开，会议期间成立了中国创意管理成都联盟，确立了联盟主席团成员，我也有幸被邀请成为联盟发起人之一。2018 年秋第二届论坛在成都成功召开，南开大学杜传忠教授也应邀出席，我戏称此次会议为“三忠全会”。不久，收到他的《创意管理学导论》著作。作为他的朋友，我祝贺他和他的研究团队近年来所取得的卓越成就。

认真读完手头的这本《创意管理学导论》后，我有一种欢喜的感觉。这是一本难得一见的关于创意方面的优秀学术著作。该书有以下几个特点和优点：

一是开创性。本书填补了国内创意管理研究方面的空白，对丰富文化管理

① 吴承忠，对外经济贸易大学文化与休闲产业研究中心主任，公共管理学院教授，博导，中国创意管理联盟联合发起人。

学科的体系具有重要意义。据我所知,关于创意或文化创意方面的研究成果较多,但把创意管理作为一门学问或者学科来进行研究的成果罕见,文化管理学科的全国性学术会议也很少涉及创意管理方面的研讨。因此,该书从某种程度上来讲具有填补空白的历史意义。文化管理学一般包括文化规划、文化政策、文化企业管理、文化法律法规、文化行政管理、文化市场管理、文化产业的意识形态管理、区域文化管理等内容。现有文化企业管理研究中十分缺乏对于创意在文化生产与经营管理活动中的相关问题的研究,本研究立足于创意的生产与开发、产品生产与组织经营管理,对于文化管理学体系中文化企业管理学的形成和发展也具有重要促进作用。

二是初步构建了创意管理学的理论框架和研究体系。该书分为八章,包括创意的价值、创意的组织、创意的源头、创意的决策、创意的运营、创意的营销、创意的融资八个部分。这个理论框架是建立在作者多年来微观管理尤其是创意企业管理视角的研究基础之上,具有很好的学理基础和研究可信度。从创意的价值到创意的源流,到创意的组织化利用包括创意的生产化、商业化以及相关的经济管理活动,这个框架都进行了深入涉及和关照。

三是学术创新性强,具有很高的理论价值。本书提出了一些很有价值的观点,值得学术界进一步深入研讨。比如,在谈到创意的价值时,作者提出了创意的三维价值模型:功能价值、体验价值、符号价值。本书作者指出:创意组织具有新奇、合作创造、文化身份、社会网络、空间体验特征。杨永忠认为:文化企业家是艺术家的梦想与企业家冒险的创新结合,具有四个方面的特征:文化行为与经济行为结合;学习行为与创新行为结合;自利行为与他利行为结合;组织行为与合作行为结合。他认为文化是一种生活方式,一切生活方式皆是文化的具象表达。而文化资源是文化的初级承载体,文化资源具有文化资本、竞争优势、高附加值三大特性。他生动地归纳和描述了创意的决策过程,创造性地提出了两种创意开发路径:递进式创意开发路径和平行式创意开发路径,并构建了创意企业的内部和外部社会网络图。这些论断很有启发性,概括了文化与创意的关系。这些发现和创见对于创意企业管理的研究具有重要意义。

四是学术态度严谨，语言流畅，可读性较强。全书各章节引用了大量参考的国内外文献，凡引用他人观点之处，都明确标出文献和观点来源，这是作者本人科学严谨工作作风的体现。本书行文流畅，语言精练，在探索理论的过程中不时穿插经典案例进行讲解，或者运用质的研究方法进行案例研究，具有较强的可读性。

本书是在作者和他的川大研究团队多年来在创意产品开发、经营与管理领域研究成果的基础上集萃而成的，对于我国创意管理学和文化产业管理学科体系（我更倾向于用"文化管理学科"这个词）的形成和发展，具有十分积极的意义和重要的学术实践价值。最近十年来，我一直在文化管理学术圈主张：文化产业管理学科或者文化管理学科从目前的学科归属来看，归属于工商管理或者公共管理学。主要理由在于：文化管理主要涉及两个大的研究领域，一个是微观的，涉及文化企业管理的范畴，属于工商管理一级学科；一个是宏观为主，主要涉及政府和其他公共部门对文化领域公共事务的管理，包括文化规划、文化战略管理、文化政策法律法规等，这个领域属于公共管理一级学科。我十分乐意看到杨永忠教授领导的创意管理联盟和创意管理研究今后在工商管理领域取得更多的硕果。

2019 年 9 月 28 日　于北京 宁远楼

作品鉴赏

Appreciation of Creative Works

铁人壶艺

拉壶盖

涅槃

逍遥
今子有五石之瓠
何不慮以為大樽
而浮于江湖
而憂其瓠落無所容

逍遥

日照香爐生紫烟
遥看瀑布挂前川

紫烟

長風
破浪會有時
直挂雲帆濟滄海

长风

海上生明月
天涯共此時

天涯